Sekundarstufe

Friedhelm Heitmann

Einfach Physik

3

Elementares Wissen in einfacher Sprache leicht und verständlich erklärt

Einfach Physik

Elementares Wissen in einfacher Sprache leicht erklärt (Band 3)

5. Auflage 2026

Inhalt: Friedhelm Heitmann
Umschlagbilder: © ktsdesign & natrot - AdobeStock.com
Illustrationen: Friedhelm Heitmann
Redaktion: Kohl-Verlag
Grafik & Satz: Kohl-Verlag
Druck: farbo prepress GmbH, Köln

Bestell-Nr. 12 175

ISBN: 978-3-96040-344-9

Kontakt: Kohl-Verlag, An der Brennerei 37-45, 50170 Kerpen
Tel: +49 2275 331610, Mail: info@kohlverlag.de

Inhaltsverzeichnis

EINFaCH PHYSIK
Elementares Wissen in einfacher Sprache leicht und verständlich erklärt (Band 3) – Bestell-Nr. 12 175
KOHL VERLAG

Inhaltsverzeichnis

KOHL VERLAG
EINFaCH PHYSIK
Elementares Wissen in einfacher Sprache leicht und verständlich erklärt (Band 3) – Bestell-Nr. 12 175

Vorwort

Liebe Kolleginnen, liebe Kollegen,

die Bildungssprache, die langen Texte und die Überfülle des Inhalts in den herkömmlichen Schulbüchern überfordern so manche Schüler(innen). Von solchen Texten verstehen und behalten vor allem lern- und leistungsschwächere Schüler(innen) nur (sehr) wenig. Die Verwendung der angesprochenen Schulbücher im Unterricht baut bei nicht wenigen Schüler(innen) Demotivation sowie Frustrationen auf oder verstärkt diese.

Von daher entstand der vorliegende Band. Dieser bietet mehrmals praxiserprobte Unterrichtsmaterialien, die unter anderem aus meiner langjährigen Arbeit als Lehrer mit lern- und leistungsschwächeren Schüler(innen) sowie Migranten hervorgingen. Zielsetzung des dargebotenen Bandes war und ist es, im Fach Naturwissenschaften elementare Kenntnisse im Bereich Physik zu vermitteln, festigen und kontrollieren.

Die Texte des Bandes sind relativ kurz und in allgemein verständlicher Sprache verfasst. Überwiegend weisen die Texte nur Hauptsätze auf. Auf den Gebrauch des Passivs wird weitgehend verzichtet. Zu den Texten gibt es unterschiedliche, unkomplizierte Arbeitsaufgaben. Im Weiteren enthält der Band mehrere Tests und Klassenarbeiten. Die von mir erstellten Materialien trugen wesentlich zu Verbesserung der Leistungen der Schüler(innen) bei.

Für die Entdeckung von Fehlern und Verbesserungsvorschlägen zu den vorliegenden Materialien bin ich dankbar.

Viele Erfolge bei der Verwendung der folgenden Materialien wünschen das Team des Kohl-Verlages und

Friedhelm Heitmann

1 Naturwissenschaften

Übersicht

EA

Aufgabe 1: *Setze die Begriffe aus dem Wörterkasten in den Lückentext ein.*

Biologie • Chemie • Geisteswissenschaften •
Lebewesen in der Natur • Menschen, Tiere und Pflanzen •
nicht lebendige Dinge in der Natur • Physik •
Sauerstoff, Stickstoff, Wasserstoff, Kohlenstoff, Schwefel, Uran •
Stoffe und ihre Veränderungen, Umwandlungen •
Wärme, Kälte, Kräfte, Energie, Schall, Magnetismus, Elektrizität

Zu den Naturwissenschaften in der Schule gehören die drei Fächer:

____________________	____________________	____________________

In **Biologie** sprechen wir über ______________________________________.
Es geht um ____.

In **Chemie** sprechen wir über _______________________________________.
Es geht um ____ …

In **Physik** sprechen wir über ____.
Es geht um ____ …

Das Gegenteil zu den Naturwissenschaften sind die ____________________.
Dazu gehören die Sprachen, Geschichte, Religion, Kunst, Musik …

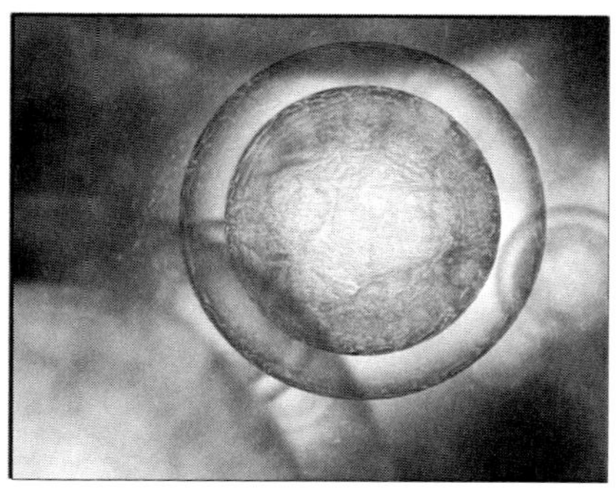

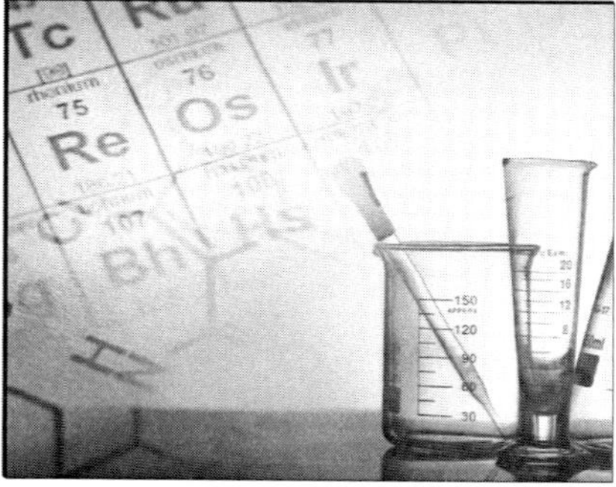

EINFaCH PHYSIK
Elementares Wissen in einfacher Sprache leicht und verständlich erklärt (Band 3) – Bestell-Nr. 12 175
KOHL VERLAG

2 Ein Versuch: Zustandsformen

EA

Aufgabe 1: *Setze die folgenden 10 Wörter in den anschließenden Sätzen an der richtigen Stelle ein:*

besteht • brennen • fest • flüssig • gasförmig • nehmen • Stoffe • Temperatur • zünden • Zustand

1. Wir ____________________ eine Kerze.
2. Die Kerze ____________________ aus Wachs und einem Docht.
3. Nun ____________________ wir die Kerze am Docht an.
4. Die Kerze fängt an zu ____________________.
5. Unten ist das Wachs ____________________.
6. Oben auf der Kerze wird das Wachs ____________________.
7. Darüber wird das Wachs ____________________.
8. Wir merken uns: ___________ wie z.B. Wachs können fest, flüssig und gasförmig sein.
9. Ihre höchste ____________________ haben Stoffe im Zustand gasförmig.
10. Die Temperatur ist im ____________________ fest am niedrigsten.

KOHL VERLAG Lernen mit Erfolg
EINFaCH PHYSIK
Elementares Wissen in einfacher Sprache leicht und verständlich erklärt (Band 3) – Bestell-Nr. 12 175

3 Die Zustandsformen und ihre Übergänge

Stoffe können drei Zustandsformen haben: fest, flüssig und gasförmig. Diese drei Zustandsformen nennt man auch Aggregatzustände (*aggregare* (lateinisch) = anhäufen). Im festen Zustand haben Stoffe eine bestimmte Form. Stoffe im flüssigen Zustand und im gasförmigen Zustand haben keine bestimmte Form. Sie verändern ihre Form, je nach Umgebung.

Stoffe im flüssigen Zustand heißen Flüssigkeiten. Stoffe im gasförmigen Zustand bezeichnet man als Gase. Stoffe im festen Zustand nennt man auch Festkörper.

EA

Aufgabe 1: *Setze die folgenden sechs Wörter in der anschließenden Abbildung an der richtigen Stelle ein.*

gasförmig • schmilzt • kondensiert • verdunstet • fest • resublimiert

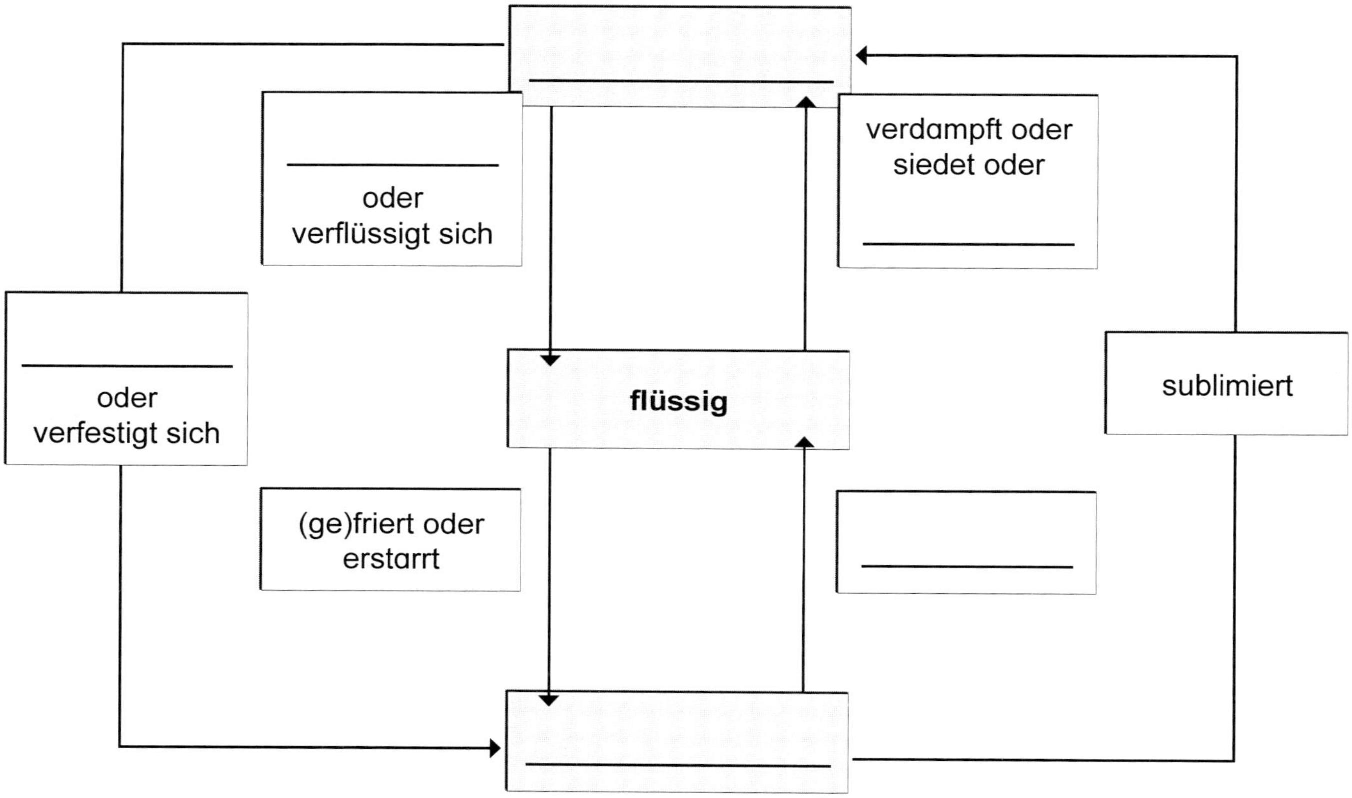

______

______ oder verflüssigt sich

verdampft oder siedet oder ______

______ oder verfestigt sich

flüssig

sublimiert

(ge)friert oder erstarrt

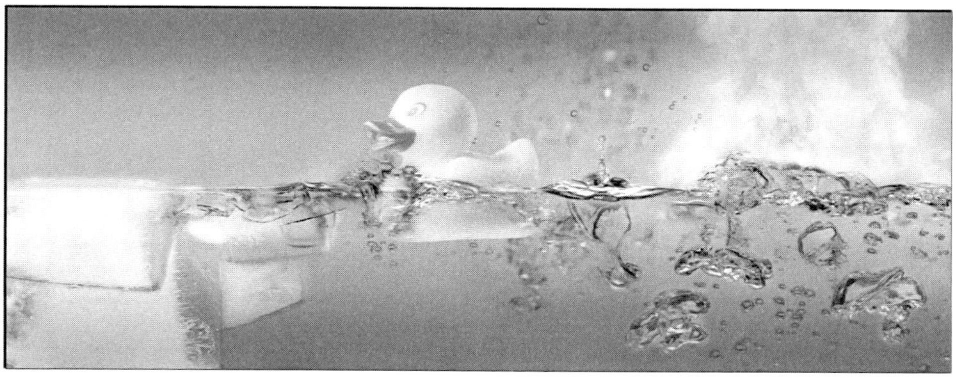

______

______

3 Die Zustandsformen und ihre Übergänge

EA

Aufgabe 2: *Beantworte kurz.*

a) Welche drei Zustandsformen können Stoffe haben?

____

b) Wie heißt ein anderes Wort für Zustandsformen?

____

c) In welchem Zustand haben Stoffe eine greifbare Form?

____

d) Wie heißen Stoffe im flüssigen Zustand?

____

e) Wie heißen Stoffe im gasförmigen Zustand?

____

f) Wie heißt der Übergang vom festen in den flüssigen Zustand?

____

g) Wie heißt der Übergang vom flüssigen in den festen Zustand?

____

h) Wie heißt der Übergang vom flüssigen in den gasförmigen Zustand?

____

i) Wie heißt der Übergang vom gasförmigen in den flüssigen Zustand?

____

j) Wie heißt der direkte Übergang vom festen in den gasförmigen Zustand?

____

k) Wie heißt der direkte Übergang vom gasförmigen in den festen Zustand?

____

KOHL VERLAG EINFaCH PHYSIK Elementares Wissen in einfacher Sprache leicht und verständlich erklärt (Band 3) – Bestell-Nr. 12 175

4 Kühlschrank

EA

Aufgabe 1: *Setze die fehlenden Begriffe aus dem Wörterkasten in den Lückentext ein.*

Erhitzung • Kältemaschinen • Kühlflüssigkeit niedrigen • Umkehrung • Verdampfer • Verflüssiger Wärme • Wiederholungen • Zustandsformen

Unterschiedliche ______________________________ von Stoffen lassen sich technisch ausnutzen. Ein Beispiel dafür sind Kühlschränke. Kühlschränke sind ______________________________. Sie transportieren ___________ von innen nach außen. Die allermeisten Kühlschränke funktionieren so:

In den Röhren der Kühlschränke befindet sich eine ___________________________ (z.B. Frigen). Der _____________________ erhitzt die Kühlflüssigkeit und bringt sie in die gasförmige Zustandsform. Der _________________________ versetzt die Kühlflüssigkeit wieder in die flüssige Zustandsform. Der Übergang von der flüssigen in die gasförmige Zustandsform und die ___________________ des Vorganges erfolgen im ständigen Wechsel. In den Kühlschränken entzieht die Kühlflüssigkeit bei ihrer ___________________ der Umgebung Wärme und nimmt sie auf. Durch die ______________________________ des Kreislaufes der Kühlflüssigkeit wird es in den Kühlschränken kälter. Als Kühlflüssigkeit dienen in Kühlschränken Flüssigkeiten mit einer sehr ___________________ Siedetemperatur.

EA

Aufgabe 2: *Was kannst du selbst zum Thema Kühlschränke sagen? Schreibe es auf.*

____

____

____

____

EINFaCH PHYSIK
Elementares Wissen in einfacher Sprache leicht und verständlich erklärt (Band 3) – Bestell-Nr. 12 175
KOHL VERLAG

5 Wir lesen in einer Zeitung

Tragischer Tod eines angesehenen Gastronoms

In der Stadt W. entdeckten Passanten eine leblose Person in einem Auto und alarmierten die Polizei sowie Feuerwehr. Aber jede Hilfe kam zu spät: Der Mann im Auto konnte nicht wiederbelebt werden. Bei dem Toten handelte es sich um einen in der Stadt bekannten Gastronom. Im Fahrzeug des Toten befanden sich Kisten mit Trockeneis. Die Feuerwehr stellte einen stark erhöhten Wert an Kohlenstoffdioxid im Fahrzeug fest, auch nach dem Öffnen der Autotüren und Autofenster.

Von einem tragischen Unglücksfall gehen die Feuerwehr und Polizei aus: Der Gastronom hatte vor, die Kisten mit Trockeneis zu einer Party in einem Schloss zu bringen. Das Trockeneis besteht aus gefrorenem, sehr zusammengepresstem Kohlenstoffdioxid. Es sollte zur Kühlung von Speisen und Getränken dienen. Unterwegs erstickte der Gastronom in seinem Auto bei geschlossenen Fenstern höchstwahrscheinlich am entweichenden und sich stark ausdehnenden Kohlenstoffdioxid. Das Kohlenstoffdioxid verdrängte die sauerstoffhaltige Luft. Bereits ab einem Anteil von etwa 5% in der Luft kann Kohlenstoffdioxid Bewusstlosigkeit und danach den Tod bei Menschen bewirken.

EA

Aufgabe 1: *Wie lässt sich der Tod des Mannes erklären?*

KOHL VERLAG EINFaCH PHYSIK Elementares Wissen in einfacher Sprache leicht und verständlich erklärt (Band 3) – Bestell-Nr. 12 175

6 Stoffe

Es gibt ganz viele Stoffe. Alle Stoffe zusammen heißen auch Substanzen (*substania* (lat.) = Eigenart, Wesen). Die Stoffe haben verschiedene Eigenschaften. Bei sehr unterschiedlichen Temperaturen verändern Stoffe ihre Zustandsformen.

> Solche Stoffe sind z.B.: Alkohol, Benzin, Eisen, Gold, Kohlenstoffdioxid, Öl, Salz, Sauerstoff, Silber, Stickstoff, Wasser, Wasserstoff ...

Aufgabe 1: *Beantworte.*

a) Welche der genannten 12 Stoffe sind bei 20° Celsius fest?

____

b) Welche Stoffe sind bei dieser Temperatur flüssig?

____

c) Welche Stoffe sind bei dieser Temperatur gasförmig?

____

Stoffe schmelzen oder erstarren bei bestimmten Temperaturen. Sie werden dann flüssig oder fest. Bei bestimmten anderen Temperaturen sieden oder kondensieren Stoffe. Das heißt: Die Stoffe werden dann gasförmig oder flüssig.

Zwei Beispiele:

- Eisen schmilzt bei ca. +1535° Celsius. Es wird bei ca. +2750° Celsius gasförmig.
- Sauerstoff schmilzt bei ca. -219° Celsius. Er wird bei ca. -183° Celsius gasförmig.

Die Schmelztemperatur eines Stoffes heißt auch Schmelzpunkt. Die Siedetemperatur eines Stoffes bezeichnet man ebenfalls als Siedepunkt. Der Erstarrungspunkt eines Stoffes liegt bei derselben Temperatur wie sein Schmelzpunkt. Der Kondensationspunkt eines Stoffes hat dieselbe Temperatur wie sein Siedepunkt.

Aufgabe 2: *Beantworte.*

a) Was ist der Schmelzpunkt eines Stoffes?

____

b) Was ist der Siedepunkt eines Stoffes?

____

c) Was ist der Erstarrungspunkt eines Stoffes?

____

d) Was ist der Kondensationspunkt eines Stoffes?

____

KOHL VERLAG EINFaCH PHYSIK Elementares Wissen in einfacher Sprache leicht und verständlich erklärt (Band 3) – Bestell-Nr. 12 175

7 Das Teilchen-Modell

Die drei Zustandsformen der Stoffe und ihre Veränderungen lassen sich mit dem Teilchen-Modell erklären und verdeutlichen. Das Teilchen-Modell geht davon aus: Die einzelnen Stoffe bestehen aus sehr vielen, fast unglaublich kleinen, kugelförmigen Teilchen. Diese sind mit den bloßen Augen nicht zu sehen.

- Bei Stoffen im festen Zustand sind die Teilchen ganz dicht zusammen geordnet. Sie bewegen sich ein wenig. Aber sie können ihren Platz nicht verlassen.
- Im flüssigen Zustand bei Stoffen sind die Teilchen immer noch relativ dicht zusammen. Nun können sich die Teilchen aber innerhalb einer Flüssigkeit fortbewegen. Die Flüssigkeit passt sich in der Form der unmittelbaren Umgebung (= z.B. ein Glas) an.
- Für Stoffe im gasförmigen Zustand gilt: Die Teilchen sind jetzt nicht mehr dicht zusammen. Sie bewegen sich (sehr) schnell und verteilen sich im Raum, der vorhanden ist.

Je höher die Temperatur ist, umso mehr bewegen sich die Teilchen. Sie streben nach mehr Platz. Darum dehnen sich die Stoffe beim Erwärmen aus. Beim Abkühlen ziehen sich Stoffe zusammen.

Aufgabe 1: *Welche der drei Zustandsformen von Stoffen wird jeweils dargestellt?*

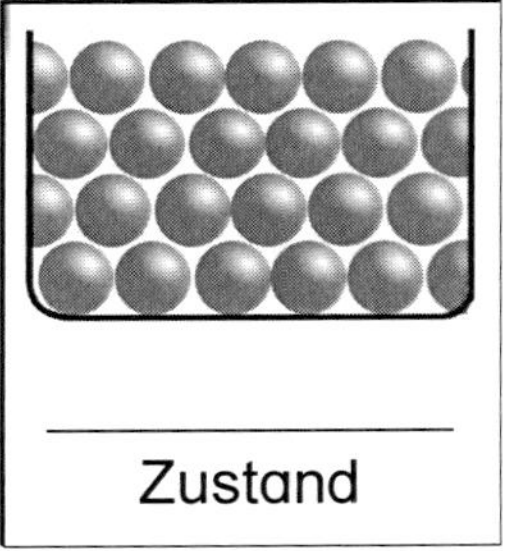

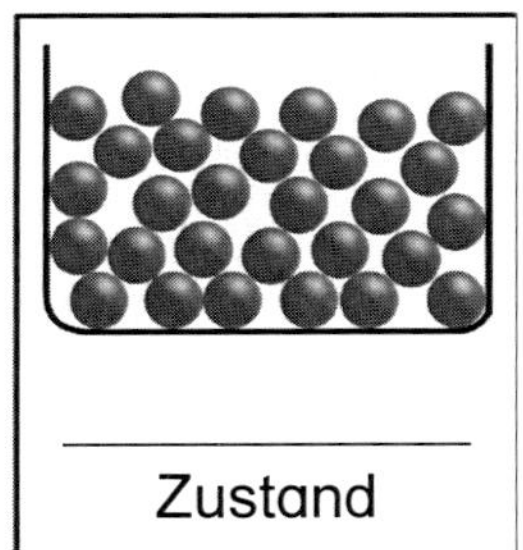

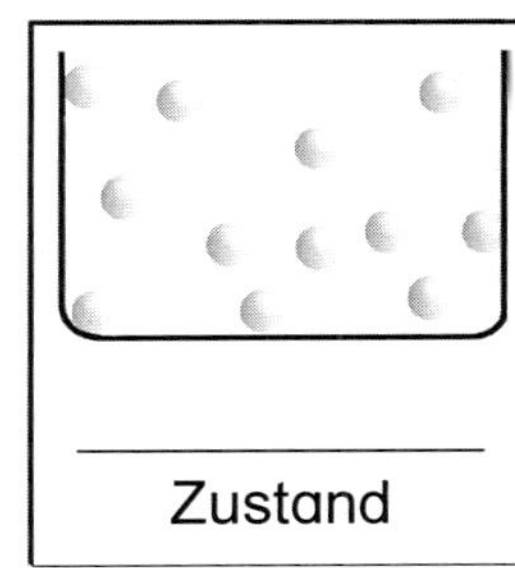

Aufgabe 2: *Beantworte die Fragen.*

a) In welchem Zustand sind die Teilchen am dichtesten zusammen?

____

b) In welchem Zustand befinden sich die Teilchen am weitesten auseinander?

____

c) Was kannst du über die Größe der Teilchen sagen?

____

d) Wann dehnen sich die Stoffe aus?

____

e) Wann ziehen sich die Stoffe zusammen?

____

EINFaCH PHYSIK
Elementares Wissen in einfacher Sprache leicht und verständlich erklärt (Band 3) – Bestell-Nr. 12 175
KOHL VERLAG

8 Temperaturen und Thermometer

Die Temperaturen haben einen entscheidenden Einfluss, u.a. auf die Zustandsformen von Stoffen. Die Haut von Lebewesen (z.B. der Menschen) merkt zwar Unterschiede von Temperaturen. Aber die Haut der Menschen eignet sich nicht zum genauen Messen von Temperaturen.

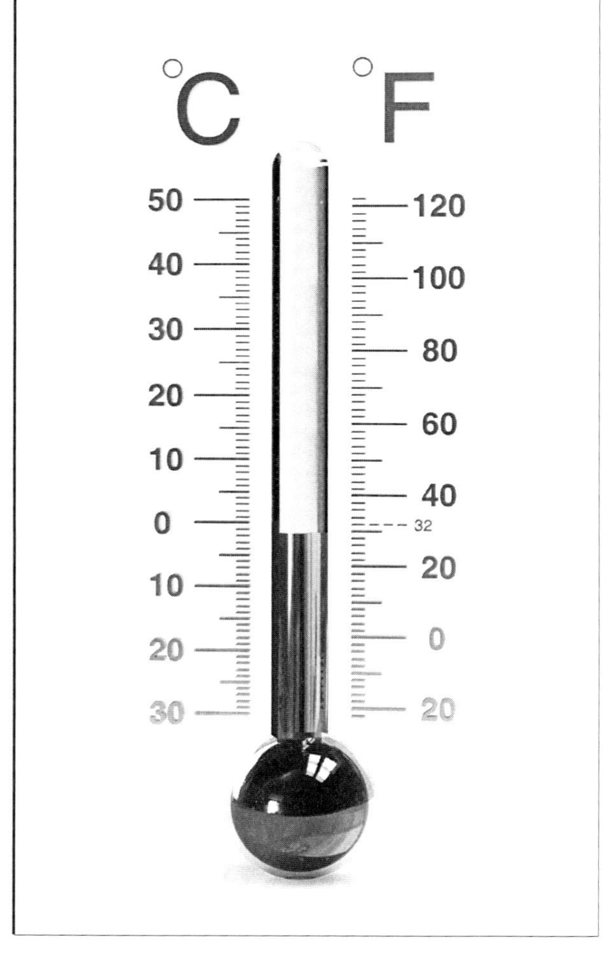

Zum genauen Messen von Temperaturen dienen Thermometer. Das Wort Thermometer stammt aus der griechischen Sprache (*thermos* = warm, heiß) (*metron* = Maß). Die am meisten benutzten Thermometer reagieren so: Die in Thermometern enthaltenen Flüssigkeiten (z.B. Alkohol) oder festen Stoffe (Metalle) dehnen sich bei dem Erwärmen der Umgebung gleichmäßig aus. Bei dem Abkühlen der Umgebung ziehen sich die Flüssigkeiten bzw. festen Stoffe gleichmäßig zusammen. Entsprechend lässt sich auf dem Thermometer die Temperatur ablesen.

In Europa misst man die Temperaturen in Grad Celsius (°C), in den USA in Grad Fahrenheit (°F). In der Celsius-Skala gilt 0° Celsius als Schmelzpunkt und Gefrierpunkt von Wasser, 100° Celsius als Siedepunkt von Wasser. 0° Celsius entspricht 32° Fahrenheit, 100° Celsius = 212° Fahrenheit. Celsiusgrade lassen sich umrechnen in Fahrenheitgrade nach der Formel.

°F = 1,8 • °C + 32

Die Formel für die Umrechnung von Fahrenheitgraden in Celsiusgrade lautet:

°C = (°F - 32) : 1,8

In der Wissenschaft gebraucht man für Temperaturen die Maßeinheit Kelvin. 0° Kelvin entspricht -273,15° Celsius. Dieser absolute Nullpunkt kann aber nicht erreicht werden. Denn bei dieser Temperatur erstarrt alles.

EINFaCH PHYSIK
Elementares Wissen in einfacher Sprache leicht und verständlich erklärt (Band 3) – Bestell-Nr. 12 175

8 Temperaturen und Thermometer

EA

Aufgabe 1: *Beantworte die Fragen in Stichworten.*

a) Diesen Einfluss haben Temperaturen auf die Zustandsform von Stoffen:

b) Das spürt die Haut der Menschen bei Temperaturen:

c) Dafür eignet sich die Haut der Menschen nicht:

d) Dafür gibt es Thermometer:

e) Das tun Flüssigkeiten und feste Stoffe in Thermometern beim Erwärmen:

f) Das tun Flüssigkeiten und feste Stoffe in Thermometern beim Abkühlen:

g) In dieser Maßeinheit misst man Temperaturen in Europa:

h) In dieser Maßeinheit misst man Temperaturen in den USA:

i) In dieser Maßeinheit misst man Temperaturen in der Wissenschaft:

j) 0° Kelvin sind so viel ...°Celsius:

k) 25° Celsius sind so viel ...°Fahrenheit:

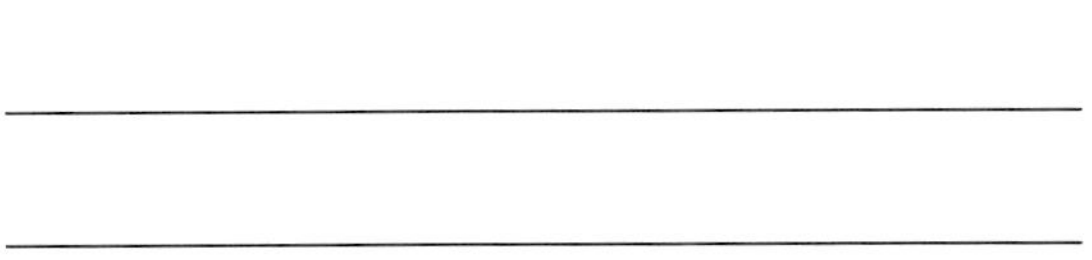

l) 50° Fahrenheit sind so viel ...°Celsius:

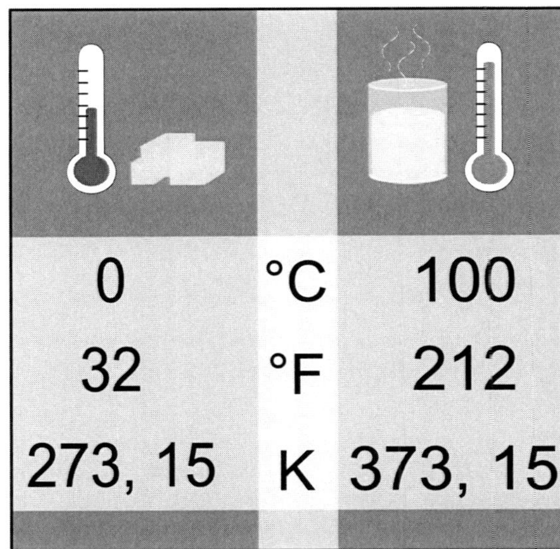

EINFaCH PHYSIK
Elementares Wissen in einfacher Sprache leicht und verständlich erklärt (Band 3) – Bestell-Nr. 12 175

9 Das Wasser (I)

Das Wasser spielt eine sehr große Rolle für die Lebewesen. Ohne Wasser gäbe es kein Leben auf der Erde. Meistens ist Wasser im flüssigen Zustand zu sehen. Im festen Zustand heißt das Wasser Eis. In diesem Zustand befindet sich das Wasser unterhalb 0° Celsius, also bei Minustemperaturen. Normalerweise bei 100° Celsius wird das Wasser gasförmig. Es wird zu Wasserdampf, mit anderen Worten es siedet oder kocht. Der langsame Übergang an der Oberfläche des Wassers in den gasförmigen Zustand heißt Verdunstung. Bei einem warmen oder heißen Wetter verdunstet durch den Sonnenschein mehr Wasser als sonst.

Seine größte Dichte hat Wasser bei +4° Celsius. Im Gegensatz zu anderen Stoffen dehnt sich das Wasser unterhalb von +4° Celsius aus. Das Volumen (= der Rauminhalt) des Wassers wird größer. Eis ist leichter als das (flüssige) Wasser. Darum schwimmt das Eis im Wasser.

Die chemische Formel für Wasser ist H_2O. Diese Formel sagt aus: Das Wasser ist eine Verbindung (= Molekül) der beiden Elemente (= Grundstoffe) Wasserstoff und Sauerstoff. Zwei Atome Wasserstoff sind jeweils mit einem Atom Sauerstoff verbunden. Atome sind sehr kleine Teilchen. Das Wort Atom kommt vom griechischen Wort *atomos* und bedeutet „unteilbar“.

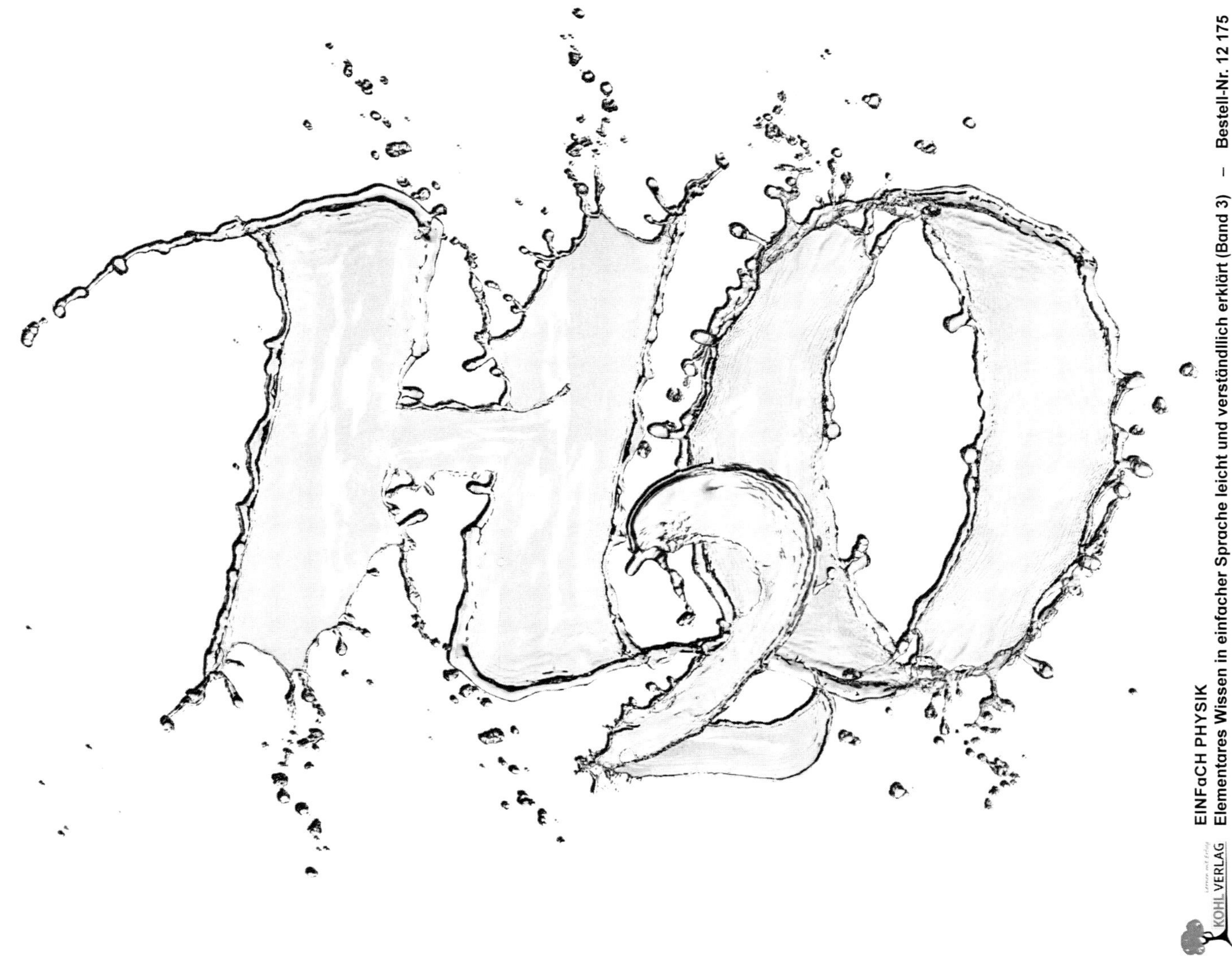

KOHL VERLAG EINFaCH PHYSIK Elementares Wissen in einfacher Sprache leicht und verständlich erklärt (Band 3) – Bestell-Nr. 12 175

Das Wasser (I)

EA

Aufgabe 1: *Richtig oder falsch? Welche folgenden Sätze sind richtig? Welche Sätze sind falsch? Kreuze an und finde das Lösungswort.*

		Richtig	Falsch
1	Auch das Wasser kann drei Zustandsformen haben.	F	G
2	Eis ist gefrorenes Wasser.	A	E
3	Wasser wird immer bei 110° Celsius gasförmig.	K	H
4	Die Verdampfung des Wassers kann man auch Kondensation nennen.	N	R
5	Bei Wärme und Hitze ist die Verdunstung größer als sonst.	E	L
6	Ebenso wie andere Stoffe zieht sich das Wasser bei Minustemperaturen zunehmend zusammen.	A	N
7	Die Chemiker sagen zu Wasser HO_2.	O	H
8	Das Wasser ist ein Atom.	G	E
9	Das Wasser besteht aus Wasserstoff und Sauerstoff.	I	S
10	Atome sind sehr kleine Teilchen.	T	B

Lösungswort: __ __ __ __ __ __ __ __ __ __

EA

Aufgabe 2: *Verbessere jetzt die falschen Sätze.*

____

____

____

____

____

____

EA

Aufgabe 3: *Was fällt dir selbst zum Thema Wasser ein! Schreibe es auf.*

____

____

____

____

H O H

EINFaCH PHYSIK
Elementares Wissen in einfacher Sprache leicht und verständlich erklärt (Band 3) – Bestell-Nr. 12 175
KOHL VERLAG

10 Das Wasser (II)

Wasser kann tragen.

Ein Versuch:

Wir gießen Wasser in eine Schüssel. Dann legen wir eine dünne Nähnadel und eine Büroklammer vorsichtig auf die Oberfläche des Wassers.

EA

Aufgabe 1: *Schreibe auf, was du beobachten kannst.*

____

____

____

> Erklärung:
>
> Das Wasser hat an der Oberfläche so etwas wie eine dünne, elastische Haut. An der Oberfläche des Wassers besteht eine Spannung. Diese nennt man auch die Oberflächenspannung.

Nun spritzen wir Spülmittel in das Wasser.

EA

Aufgabe 2: *Schreibe auf, was du nun beobachten kannst.*

____

____

____

> Erklärung:
>
> Das Spülmittel zerstörte die Oberflächenspannung des Wassers.

EINFaCH PHYSIK
Elementares Wissen in einfacher Sprache leicht und verständlich erklärt (Band 3) – Bestell-Nr. 12 175
KOHL VERLAG

10 Das Wasser (II)

Ein weiterer Versuch:

Wir nehmen eine andere Schüssel und gießen frisches Wasser hinein. Danach legen wir einen Stöpsel aus Gummi vorsichtig auf die Oberfläche des Wassers.

EA

Aufgabe 3: *Schreibe auf, was du beobachten kannst.*

____

Erklärung:

Ein Gegenstand sinkt dann auf den Boden: Die Dichte des Gegenstandes ist größer als die des Wassers. Mit dem Wort Dichte (δ) ist gemeint:

Gewicht (= m, Masse) geteilt durch den Rauminhalt (= V, Volumen), oder

$$\delta = \frac{m}{V}$$

Jetzt tun wir Salz in das Wasser. Anschließend rühren wir das Wasser um. Wieder legen wir den Stöpsel aus Gummi vorsichtig auf die Oberfläche des Wassers.

EA

Aufgabe 4: *Schreibe auf, was du nun beobachten kannst.*

____

____

Erklärung:

Das Wasser ist zu Salzwasser geworden. Das Salzwasser kann mehr tragen als Süßwasser. Der Stöpsel aus Gummi besitzt eine geringere Dichte als das Salzwasser. Als Süßwasser gilt: Wasser mit weniger als 0,1 % Salz. Auf der Erde gibt es in der Natur viel mehr Salzwasser als Süßwasser. Der Anteil des Salzwassers liegt bei etwa 96,5 %. Im Toten Meer enthält das Wasser über 30 % Salz. Dort kann man sich auf dem Rücken in das Salzwasser legen, ohne im Wasser unterzugehen. Noch mehr Einfluss hat das Salz auf das Wasser. So setzt das Salz den Schmelzpunkt (= die Schmelztemperatur) des Wassers herunter. Das Salz bewirkt: Eis schmilzt auch unterhalb von 0° Celsius. Durch Salz wird auch der Siedepunkt (= die Siedetemperatur) des Wassers erhöht. Salzwasser siedet erst bei ca. 101° C oder 102° C.

EA

Aufgabe 5: *Beantworte die Fragen.*

a) Unter welcher Bedingung schwimmen Gegenstände im Wasser?

____

b) Warum sinken Schiffe ein wenig mehr in das Wasser ein, wenn sie vom salzhaltigen Meerwasser in das Süßwasser von Flüssen kommen?

____

KOHL VERLAG EINFaCH PHYSIK Elementares Wissen in einfacher Sprache leicht und verständlich erklärt (Band 3) – Bestell-Nr. 12 175

Lernerfolgskontrolle

Test/Quiz Nr. 1

1. In Physik sprechen wir über ______________________________.
2. Stoffe (= Substanzen) können drei ____________________ haben.
3. Die Zustandsformen heißen ________, ______________ und ______________.
4. Ihre niedrigste Temperatur haben Stoffe im Zustand ________________.
5. Ihre höchste Temperatur besitzen Stoffe im Zustand ____________________.
6. Der Schmelzpunkt ist die Temperatur, bei der ein fester Stoff ______________ wird.
7. Der Siedepunkt ist die Temperatur, bei der ein flüssiger Stoff ______________ wird.
8. Wasser im festen Zustand nennt man _______________.
9. Wasser im gasförmigen Zustand bezeichnet man als ______________________.
10. Bei etwa 100° Celsius wird Wasser ___________________.
11. Wasser gefriert bei _____________________.
12. Wasser besteht aus den beiden Elementen_________________und ____________.
13. Die chemische Formel für Wasser heißt ________________.
14. Beim Wasser sind jeweils zwei Atome Wasserstoff mit _______________________ ______________________.
15. Salzhaltiges Wasser kann mehr Gewicht als ______________________________.
16. An der Oberfläche besitzt Wasser eine ______________________________.
17. Gase, Flüssigkeiten und feste Stoffe dehnen sich bei der ____________________.
18. Beim Abkühlen ziehen sich ______________________________________.
19. Gase dehnen sich beim Erwärmen stärker _____________________________.
20. Flüssigkeiten dehnen sich beim Erwärmen stärker aus als ____________________.
21. Die Haut des Menschen kann keine genauen Temperaturen feststellen, sondern im Vergleich nur ____.
22. Man misst genaue Temperaturen mit einem ___________________________.
23. Die drei in der heutigen Zeit am meisten benutzten Temperaturskalen heißen ____.
24. 0° Celsius ist genau so viel wie _______________ F.
25. 0° K entspricht __________________ Celsius.

KOHL VERLAG EINFaCH PHYSIK Elementares Wissen in einfacher Sprache leicht und verständlich erklärt (Band 3) – Bestell-Nr. 12 175

Lernerfolgskontrolle

Arbeit 1 **Name** ___________________________

Aufgabe: *Schreibe auf: Was kannst du sagen über ...*

1. ... die Zustandsformen und Übergänge von Stoffen?
2. ... das Teilchen-Modell?
3. ... Temperaturen und Thermometer?
4. ... das Wasser?

KOHL VERLAG
EINFaCH PHYSIK
Elementares Wissen in einfacher Sprache leicht und verständlich erklärt (Band 3) – Bestell-Nr. 12 175

11 Ein Versuch: Flügel als Tragfläche

Wir basteln das Modell eines Flügels (= Tragfläche).

1. Zuerst nehmen wir ein DIN A4-Blatt und falten es in der Mitte.

2. An dem einen Ende des Blattes ziehen wir per Bleistift eine Linie mit 1 cm Abstand vom Rand.

3. Etwa 7,5 cm vom oberen Rand des Blattes und 8 cm vom unteren Rand des Blattes entfernt machen wir in der Mitte der Längsseite des Blattes mit dem Bleistift zwei Punkte (Siehe Skizze auf der nächsten Seite).

4. Nun kleben wir die beiden Enden des Blattes so zusammen: Die untere Hälfte des Blattes steht 1 cm über.

5. Mit dem Bleistift stechen wir durch die zwei Punke jeweils ein kleines Loch.

6. Sodann schieben wir von unten einen geknickten Trinkhalm durch die beiden Löcher, bis die untere Hälfte des Blattes auf dem Knick liegt.

7. Danach schieben wir ein sehr dünnes Holzstäbchen durch den Trinkhalm mit dem gewölbten Flügel.

8. Schließlich gehen und laufen wir mit dem Modell des Flügels durch den Raum. Dabei halten wir das Holzstäbchen senkrecht.

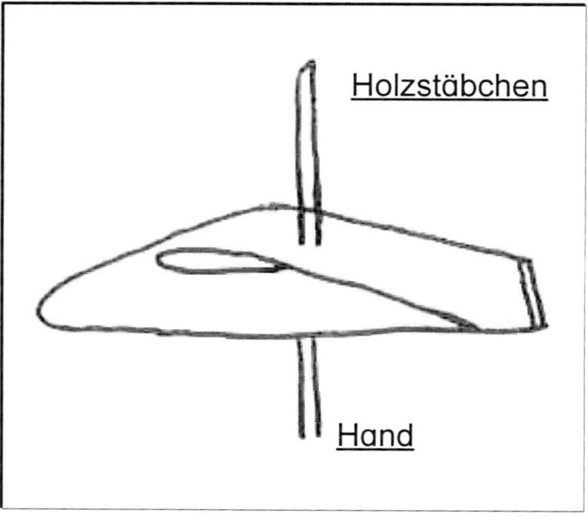

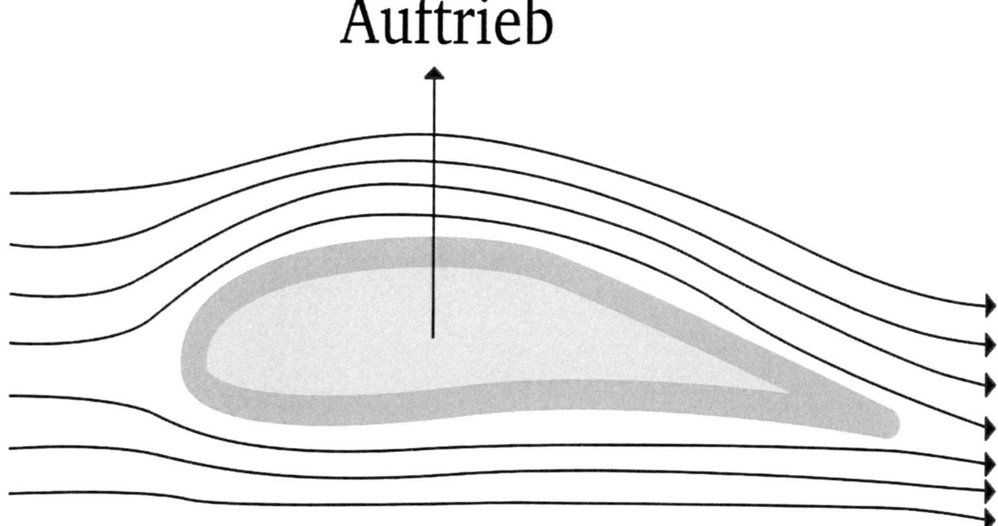

KOHL VERLAG
EINFaCH PHYSIK
Elementares Wissen in einfacher Sprache leicht und verständlich erklärt (Band 3) – Bestell-Nr. 12 175

11 Ein Versuch: Flügel als Tragfläche

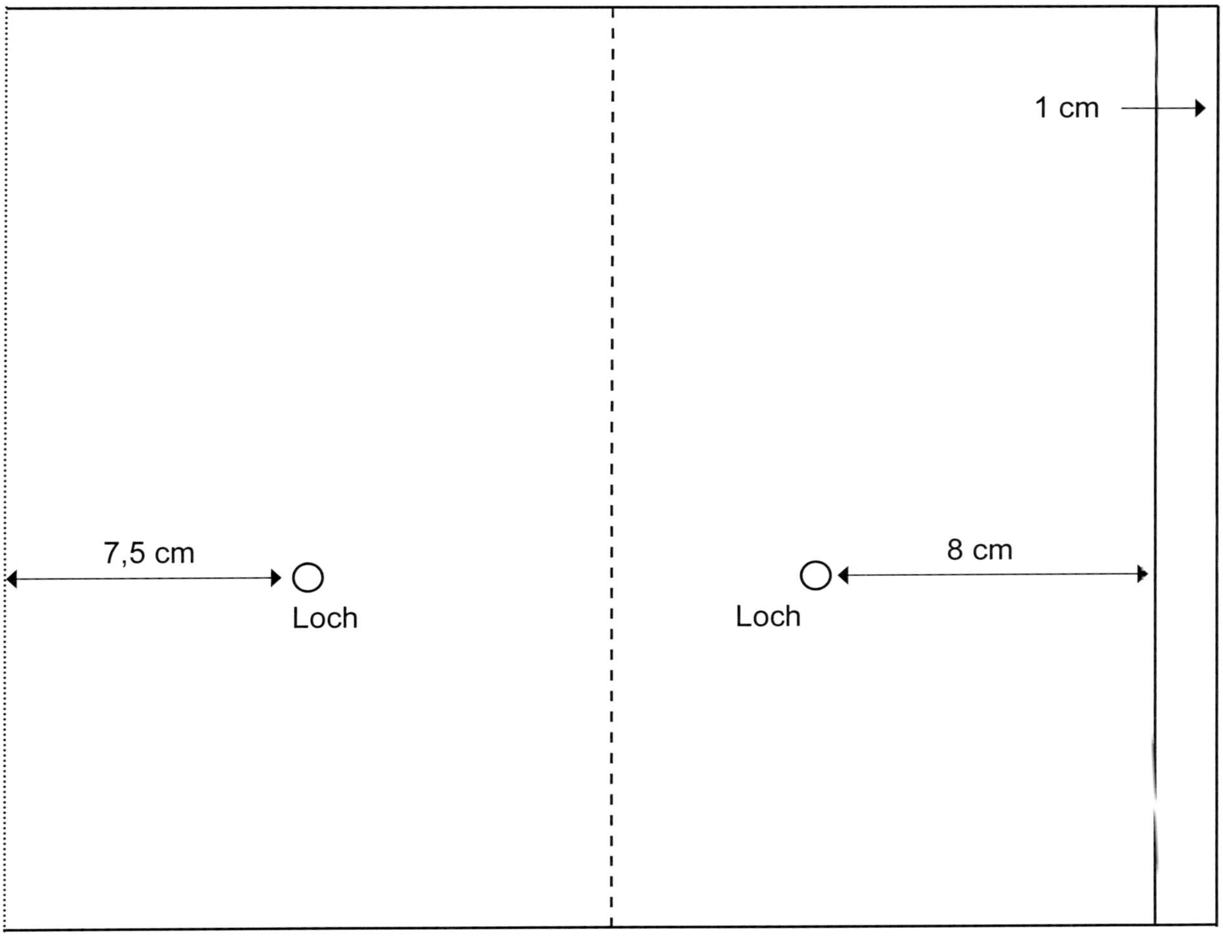

1 cm

7,5 cm

Loch

8 cm

Loch

EA

<u>Aufgabe 1</u>: *Was ist am Modell des Flügels zu sehen?*

____

____

____

EA

<u>Aufgabe 2</u>: *Wir werten den Versuch aus:*

____

____

____

<u>Info</u>:

Zum Abheben vom Erdboden benötigen Flugzeuge eine Startgeschwindigkeit. Diese beträgt bei Verkehrsflugzeugen ca. 250 km/h, bei kleinen Sportflugzeugen etwa 100 km/h.

EINFaCH PHYSIK
Elementares Wissen in einfacher Sprache leicht und verständlich erklärt (Band 3) – Bestell-Nr. 12 175

12 Flugzeuge

Auch die Luft kann tragen. Ballons mit z.B. Gasen wie Helium oder Wasser fliegen deshalb: Die Ballons mit ihrem Inhalt haben geringere Dichte als die Luft. Durch den Auftrieb steigen sie hoch.

Aber warum können Flugzeuge fliegen? Sie sind doch schwerer als Luft. Die Flugzeuge haben auch eine größere Dichte als die Luft. Die Antwort auf die gestellte Frage ist: Aufgrund der Form und Größe ihrer Flügel sowie der Geschwindigkeit fliegen Flugzeuge. Unter den Flügeln entsteht durch den Luftstau ein Überdruck. Über den Flügeln ergibt sich durch den Luftsog ein Unterdruck. Der Überdruck von unten drückt die Flugzeuge nach oben (= Auftrieb). Ebenfalls der Unterdruck oberhalb der Flügel sorgt für den Auftrieb der Flugzeuge.

EA

Aufgabe 1: *Wo entsteht ein Unterdruck, wo ein Überdruck beim Fliegen?*

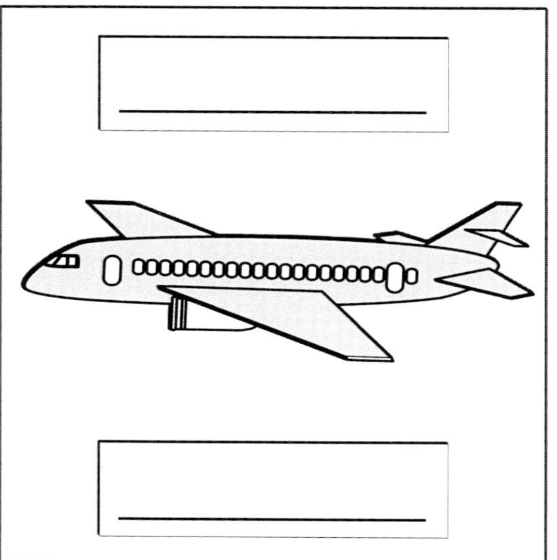

EA

Aufgabe 2: *Es gibt u.a. Segelflugzeuge. Erkläre: Warum können Segelflugzeuge (ohne Motor) fliegen? Informiere dich notfalls im Internet und/oder in Büchern.*

____

____

____

EINFaCH PHYSIK
Elementares Wissen in einfacher Sprache leicht und verständlich erklärt (Band 3) – Bestell-Nr. 12 175

13 Kräfte

Als Kräfte gelten in der Physik: Kräfte, die zur Bewegung oder Veränderung der Form von Körpern führen. Kräfte lassen sich nach ihrem Herkommen benennen. Beispiele dafür sind: die Erdanziehungskraft (= Schwerkraft), die Windkraft, die Wasserkraft, die Motorkraft, die Muskelkraft …

Im Gegensatz dazu kann man Kräfte nach ihrer Wirkung bezeichnen. Beispiele sind: die Zugkraft, die Schubkraft, die Spannkraft, die Antriebskraft, die Bremskraft …

Auch Kräfte werden gemessen. Die Maßeinheit für Kräfte heißt Newton. Diese Maßeinheit ist nach dem britischen Wissenschafter Isaac Newton (1643-1727) benannt. Ein Newton entspricht z.B. der Gewichtskraft, mit der eine 100 g schwere Tafel Schokolade senkrecht an einem Kraftmesser zieht.

Isaac Newton erkannte u.a.: Zu jeder Kraft besteht eine Gegenkraft. Diese Gegenkraft merkst du z.B. dann: Du versuchst einen Expander (Gerät, um Muskeln des Oberkörpers zu trainieren und damit zu stärken) auseinanderzuziehen, spürst dabei den Widerstand.

EA

Aufgabe 1: *Beantworte die Fragen.*

a) Was sind Kräfte in der Physik?

____

____

b) Wonach lassen sich Kräfte benennen? Schreibe jeweils drei Beispiele dafür auf!

____

____

c) Wie heißt in der Physik die Maßeinheit für Kräfte?

____

d) Wie ist der Name dieser Maßeinheit zu erklären?

____

e) Womit lässt sie ein Newton vergleichen?

____

f) Was gibt es zu jeder Kraft? Nenne ein Beispiel dafür!

____

14 Das Gewicht und die Masse

Im Alltag spricht man gewöhnlich nur von dem Gewicht. Beispiel: Das Gewicht beträgt … kg. In der Physik wird aber zwischen Gewicht und der Masse unterschieden:

Das Gewicht gilt als eine Kraft (= Gewichtskraft). Deshalb wird das Gewicht in der Einheit der Kraft gemessen, nämlich in Newton (abgekürzt N). Von der Schwerkraft (= Gravitation) hängt das Gewicht ab. So kommt es: Der Mensch hat am geographischen Nordpol und Südpol ein wenig mehr Gewicht als am Äquator. Warum? Die Schwerkraft (= Erdanziehungskraft auf der Erde) ist auf den Mittelpunkt der Erde gerichtet. Am geographischen Nordpol und Südpol beträgt die Entfernung zum Mittelpunkt etwa 20 km weniger als am Äquator. Die Erdanziehungskraft ist also an den beiden Polen etwas größer. Auch wirkt sich aus: Die Zentrifugalkraft (= Fliehkraft) ist am Äquator größer als an den zwei Polen. Auf dem Mond z.B. wiegt der Mensch aufgrund der dortigen viel geringeren Schwerkraft nur ca. 1/6 seines Gewichts auf der Erde. Wir merken uns: Das Gewicht hängt immer davon ab, wo du dich befindest, es ist also ortsabhängig.

Dagegen ist die Masse eines Körpers (= Gegenstand) nicht ortsabhängig. Die Masse des Körpers ist überall gleich. Mit dem Wort Masse ist gemeint: die Stoffmenge, aus der ein Körper besteht. Massen misst man auf Balkenwaagen im Vergleich mit bereits bekannten Massen. Maßeinheiten der Masse sind hauptsächlich Kilogramm (kg) und Gramm (g).

Aufgabe 1: *Beantworte die Fragen.*

a) Hast du auf der Erde überall dasselbe Gewicht? Kreuze an.

☐ Ja ☐ Nein

b) Hast du auf der Erde überall dieselbe Masse? Kreuze an.

☐ Ja ☐ Nein

c) Erkläre in möglichst eigenen, kurzen Sätzen den Unterschied zwischen dem Gewicht und der Masse!

____

____

KOHL VERLAG EINFaCH PHYSIK Elementares Wissen in einfacher Sprache leicht und verständlich erklärt (Band 3) – Bestell-Nr. 12 175

15 Eine Demonstration

Eine Demonstration (= Vorführung) durch die Lehrkraft

- Die Lehrkraft nimmt einen kleinen (weichen) Ball und legt ihn in ein Netz oder in einen Beutel.
- Der Beutel bzw. das Netz wird zugebunden.
- Falls noch nicht vorhanden, bindet die Lehrkraft eine ca. ein Meter lange Leine an den Beutel bzw. an das Netz.
- Nun führt die Lehrkraft um den eigenen Körper mit der Leine Drehbewegungen im Kreis durch (wie beim Hammerwerfen).
- Zunächst erfolgen langsame, dann schnellere Bewegungen.

Leitfragen der Lehrkraft an die Schüler(innen):

- Wie viele Kräfte sind bei den Drehbewegungen aktiv (= wirken)?
- Wie kann man diese Kräfte nennen?
- Was passiert, wenn man die Leine bei Drehbewegungen loslässt?
- In welche Richtung verlässt der Ball im Beutel bzw. im Netz zusammen mit der Leine die Kreisbahn? Darstellung der Richtung an der Wandtafel

Die Antworten der Schüler werden an der Tafel gesammelt.

KOHL VERLAG EINFaCH PHYSIK Elementares Wissen in einfacher Sprache leicht und verständlich erklärt (Band 3) – Bestell-Nr. 12 175

16 Die Zentralkraft und die Fliehkraft

Bei kreisförmigen Bewegungen wirken die Zentralkraft und die Fliehkraft. Die Zentralkraft ist zur Mitte des Kreises gerichtet, zieht nach innen. Die Fliehkraft drängt nach außen.

Beide Kräfte spürst du z.B. dann: Du sitzt in einem Karussell, das sich dreht. Ein anderes Beispiel: Du fährst mit einem Fahrrad im Kreis oder eine Kurve.

Fährt z.B. ein Radfahrer oder ein Autofahrer zu schnell, wird er durch zu starke Fliehkraft aus der Kurve „hinausgetragen". Dies kann zu schweren Unfällen, Verletzungen oder sogar zum Tod führen.

Die Zentralkraft hält z.B. ein Fahrzeug bei nicht zu schneller Geschwindigkeit in der Kurve auf der Straße. Bei einem Fahrzeug kommt die Zentralkraft durch die Reibung zwischen den Rädern und der Fahrbahn zustande.

Zur Zentralkraft sagt man in der Physik auch **Zentripetalkraft**, zur Fliehkraft sagt man auch Zentrifugalkraft (*centrum* (lateinisch) = Mittelpunkt; *petere* (lateinisch) = streben; *fugere* (lateinisch) = fliehen).

Die Fliehkraft ist die Gegenkraft zur Zentralkraft und umgekehrt.

KOHL VERLAG EINFaCH PHYSIK Elementares Wissen in einfacher Sprache leicht und verständlich erklärt (Band 3) – Bestell-Nr. 12 175

16 Die Zentralkraft und die Fliehkraft

EA

Aufgabe 1: *Löse die folgenden Aufgaben.*

a) Wo kommen die Zentralkraft und die Fliehkraft vor?

____

____

b) Wie wirkt die Zentralkraft?

____

c) Wie wirkt die Fliehkraft?

____

d) Zeichne in dem Kreis ein, in welche Richtung die Zentralkraft und die Fliehkraft wirken.

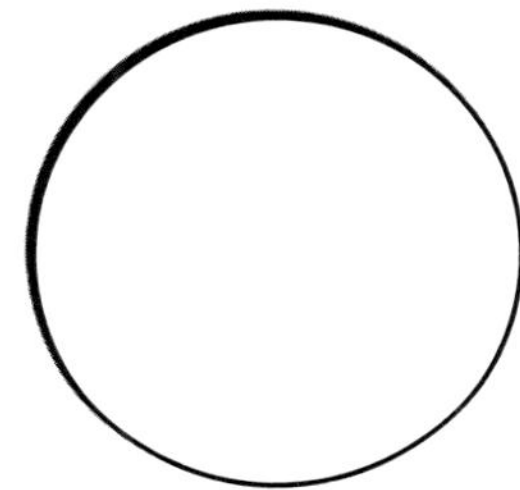

Fliehkraft

Zentralkraft

EA

Aufgabe 2: *Ein Motorradfahrer fährt mit seinem Motorrad durch eine Kurve.*

a) Wodurch ergibt sich die Zentralkraft?

____

b) Wodurch kann die Fliehkraft zu stark werden?

____

KOHL VERLAG
EINFaCH PHYSIK
Elementares Wissen in einfacher Sprache leicht und verständlich erklärt (Band 3) – Bestell-Nr. 12 175

Lernerfolgskontrolle

Test/Quiz Nr. 2

1. Ballons fliegen aufgrund der geringeren Dichte als die ________________.
2. Bei fliegenden Flugzeugen besteht unter den Flügeln ein ________________.
3. Unmittelbar über den fliegenden Flugzeugen herrscht ________________.
4. Nach ihrem Herkommen benannt gibt es z.B. die drei Kräfte: ________________,

   ________________, ________________.
5. Nach ihrer Wirkung benannt gibt es z.B. die drei Kräfte: ________________,

   ________________, ________________.
6. Man bezeichnet die Erdanziehungskraft auch als ________________.
7. Die Maßeinheit für die Kräfte heißt ________________.
8. Ein Newton entspricht der ________________, mit der eine 100 g schwere Tafel Schokolade senkrecht an einem Kraftmesser zieht.
9. Zu jeder Kraft ist eine ________________ vorhanden.
10. Isaac Newton war ein britischer ________________.
11. In der Physik gilt das Gewicht auch als ________________.
12. Am geographischen Nordpol und Südpol wiegt man etwas ____________ als am Äquator.
13. Auf dem ____________ bist du nur ca. 1/6 deines Gewichts auf der Erde schwer.
14. Das Gewicht wird in der Physik in der Maßeinheit ____________ gemessen.
15. Vom ________________ hängt das Gewicht ab.
16. Mit dem Wort Masse ist physikalisch die ________________ gemeint, aus der ein Körper besteht.
17. Die Masse eines Körpers hängt ________________ vom Ort ab.
18. Die beiden Maßeinheiten für die Masse sind hauptsächlich ________________.

    ________________ .
19. Massen werden gemessen mit ________________.
20. Die Zentralkraft und Fliehkraft kommen vor bei kreisförmigen ________________.
21. Man nennt die Zentralkraft auch ________________.
22. Die Fliehkraft bezeichnet man auch als ________________.
23. Die Zentralkraft wirkt nach ________________.
24. Dagegen wirkt die Fliehkraft nach ________________.
25. Durch eine zu schnelle ________________ kann die Fliehkraft zu stark werden.

KOHL VERLAG EINFaCH PHYSIK Elementares Wissen in einfacher Sprache leicht und verständlich erklärt (Band 3) – Bestell-Nr. 12 175

Lernerfolgskontrolle

Arbeit 2 **Name** ____________________________

Aufgabe: *Schreibe auf: Was kannst du sagen über ...*

1. ... das Fliegen von Flugzeugen?
2. ... Kräfte?
3. ... das Gewicht und die Masse?
4. ... die Zentralkraft und die Fliehkraft?

Arbeit und Leistung

In der Physik gilt als Arbeit:

Arbeit = Kraft • Weg(länge)

Ebenso wie für die Energie heißt auch für die Arbeit die Maßeinheit Joule. James P. Joule (1818-1889) war ein britischer Physiker.

Joule = Newton • Meter

<u>Ein Beispiel</u>:

Eine Person bewegt ein Gewicht von 20 Newton fünf Meter weit. Demnach leistet diese Person eine Arbeit von 100 Joule.

Als **Leistung** zählt in der Physik:

Leistung = Arbeit : Zeit

Früher war die Pferdestärke (PS) die Maßeinheit für die Leistung. Heute lautet die Maßeinheit für die Leistung Watt.

$$1 \text{ Watt} = 1 \text{ Joule} : 1 \text{ Sekunde} = \frac{1 \text{ Joule}}{1 \text{ Sekunde}}$$

Die Maßeinheit Watt bekam ihren Namen nach dem britischen Ingenieur James Watt (1736-1819). Ein Kilowatt entspricht ca. 1,36 PS.

Aufgabe 1: *Berechne die folgenden Aufgaben.*

a) Wie viel PS sind 50 Kilowatt?

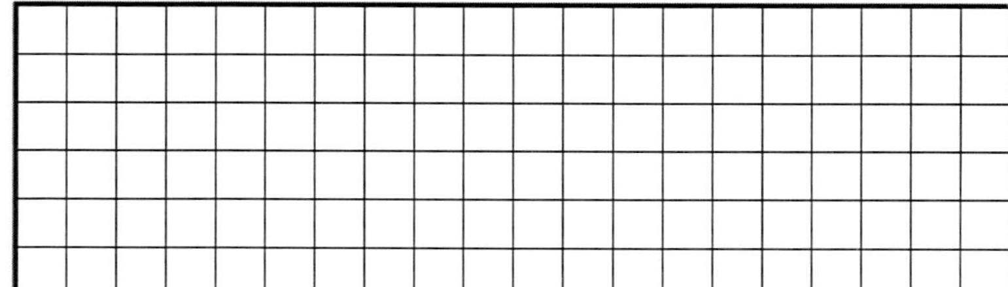

b) Wie viel Kilowatt sind 163,2 PS?

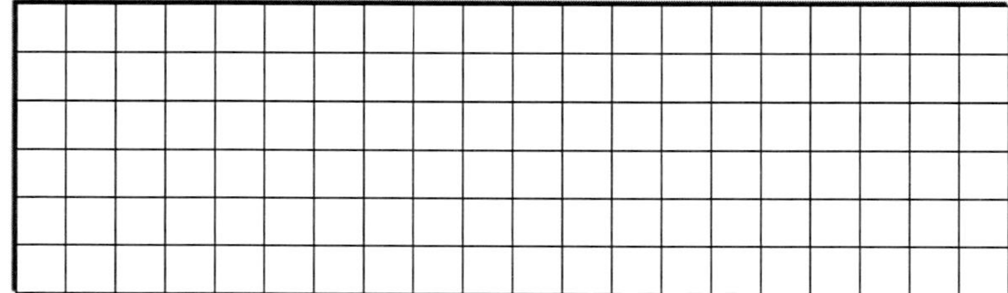

KOHL VERLAG EINFaCH PHYSIK Elementares Wissen in einfacher Sprache leicht und verständlich erklärt (Band 3) – Bestell-Nr. 12 175

18 Reibungen

Reibung bedeutet: Die Oberflächen von Gegenständen bewegen sich gegeneinander. Dabei können sich die Oberflächen abnutzen. Die Haftreibung, die Gleitreibung und die Rollreibung werden unterschieden.

Beispiele:

- Du versuchst in einem Zimmer einen Schrank wegzuschieben. Du musst die Haftreibung überwinden.
- Du fährst im Winter mit einem Schlitten einen Hügel hinunter. Dabei entsteht die Gleitreibung.
- Du ziehst einen kleinen Wagen, der Räder hat, auf einem Weg. Zwischen den Rädern und dem Weg besteht die Rollreibung.

Bei der gleichen Gewichtskraft eines Gegenstandes zur Fortbewegung musst du bei der Rollreibung am wenigsten Kraft einsetzen. Öle, Fette, Kugellager z.B. in Fahrzeugen sollen Reibungen verringern.

Durch Reibung kann sogar Elektrizität entstehen (= Reibungselektrizität). Diese entsteht dann: Eine positive und eine negative elektrische Ladung reiben sich aneinander.

EA

Aufgabe 1: *Bei jeder Reibung entsteht Wärme (= Reibungswärme). Um welche Art der Reibung handelt es bei den anschließend kurz angesprochenen Fällen?*

a) Du reibst dir kräftig die beiden Handflächen aneinander.

____

b) Du fährst mit deinem Fahrrad auf einem Weg.

____

c) Du versuchst vergeblich, einen sehr schweren Behälter zur Seite zu schieben.

____

EINFaCH PHYSIK
Elementares Wissen in einfacher Sprache leicht und verständlich erklärt (Band 3) – Bestell-Nr. 12 175

KOHL VERLAG

Reibungen

EA

Aufgabe 2: *Ergänze.*

a) Dadurch kommt es zu Reibungen:

____

b) Diese drei Arten von Reibung werden unterteilt:

____

c) Da musst du z.B. die Haftreibung überwinden:

____

d) Hier entsteht z.B. die Gleitreibung:

____

e) Da gibt es z.B. die Rollreibung:

____

f) Bei dieser Reibung brauchst du die wenigste Kraft bei gleicher Gewichtskraft eines Gegenstandes zur Fortbewegung.

____

g) Dadurch lassen sich Reibungen verringern:

____

h) Dadurch entsteht Reibungselektrizität:

____

EA

Aufgabe 3: *Reibungen können nützlich und nicht nützlich sein.*

a) Der Autofahrer bremst vorsichtig vor einem Fußgängerüberweg. Nicht nützliche Reibung oder nützliche Reibung? Kreuze an.

Nützlich	
Nicht nützlich	

b) Die Fahrradkette reibt sich ab. Nicht nützliche Reibung oder nützliche Reibung? Kreuze an.

Nützlich	
Nicht nützlich	

EINFaCH PHYSIK
Elementares Wissen in einfacher Sprache leicht und verständlich erklärt (Band 3) – Bestell-Nr. 12 175

19 Ein Problem • Physik in der Praxis

Für den Lehrer

Die Lehrkraft legt einen schweren Stein (z.B. einen Ziegelstein) auf den Tisch. Ebenfalls legt die Lehrkraft einen Schraubendreher und eine kurze Stange oder ein kurzes Rohr auf den Tisch.

Anschließend stellt die Lehrkraft der Klasse die Frage:

Ihr sollt den Stein mit möglichst wenig Kraftaufwand anheben. Wie ist das möglich? Könnten euch der Schraubendreher und die Stange bzw. das kurze Rohr dabei helfen?

Die Schüler sollen nun selbst Möglichkeiten ausprobieren.

Lösung für den Lehrer:

Das abgeflachte Ende des Schraubendrehers schiebt man unter den Stein. Dann wird der Schraubendreher auf die Stange bzw. das Rohr gelegt. Durch Drücken auf den Griff des Schraubendrehers lässt sich der Stein mit wenig Kraftaufwand hochheben.

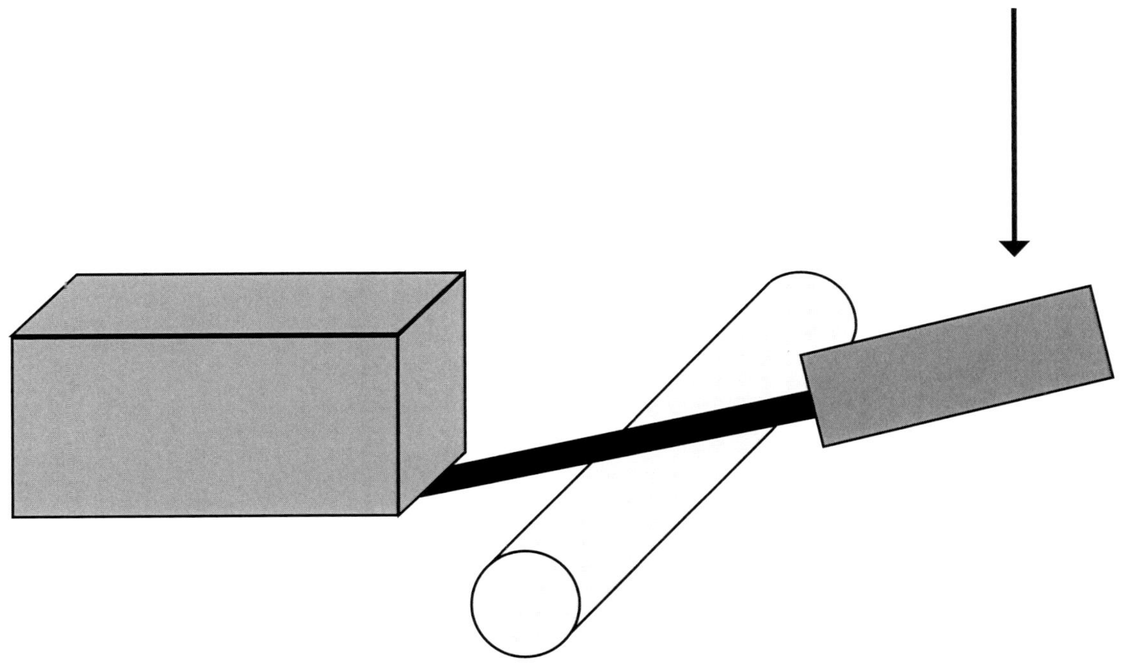

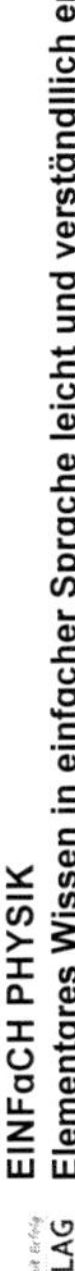

EINFaCH PHYSIK
Elementares Wissen in einfacher Sprache leicht und verständlich erklärt (Band 3) – Bestell-Nr. 12 175

20 Die goldene Regel der Mechanik

In der Mechanik (*mechanike (techne)* [griechisch] = „Maschinenkunst") geht es um das Halten und die Bewegung von Körpern (Lasten …). Die goldene Regel der Mechanik sagt aus:

> *Die Kräfte und die Weglänge lassen sich verändern, aber die Arbeit (= Kraft • Weglänge) bleibt gleich. Was an Kraft gespart wird, muss an Weglänge zugegeben werden.*

Man bezeichnet die goldene Regel der Mechanik auch als das „**Gesetz von der Erhaltung der Arbeit**".

Gut verständlich lässt sich diese Regel am Beispiel des Radfahrens erklären. Angenommen du fährst ein Fahrrad mit einer Gangschaltung: Auf einer ansteigenden Straße schaltest du an deinem Fahrrad einen niedrigen Gang ein. Nun sparst du Kraft. Aber du musst öfter als vorher mit den Füßen die Tretkurbel des Fahrrades treten (= längerer Weg), um voranzukommen. Bergab schaltest du an deinem Fahrrad wieder einen hohen Gang ein. Jetzt musst du beim Treten der Tretkurbel mehr Kraft einsetzten. Jedoch brauchst du die Tretkurbel des Fahrrades nicht mehr so oft zu treten (= kürzerer Weg) wie zuvor.

EA

Aufgabe 1: *Beantworte die Fragen.*

a) Was ist das Thema der Mechanik?

____

b) Von welchen zwei Dingen hängt die (physikalische) Arbeit ab?

____

c) Was steht in der goldenen Regel der Mechanik?

____

d) Wieso heißt die goldene Regel der Mechanik auch das „Gesetz von der Erhaltung der Arbeit"?

____

e) Du schaltest beim Fahren einen hohen Gang an deinem Fahrrad ein. Was verändert sich?

____

f) Du schaltest beim Fahren einen niedrigen Gang an deinem Fahrrad ein. Was verändert sich?

____

KOHL VERLAG
EINFaCH PHYSIK
Elementares Wissen in einfacher Sprache leicht und verständlich erklärt (Band 3) – Bestell-Nr. 12 175

20 Die goldene Regel der Mechanik

Mit einfachen technischen Hilfsmittel kannst du Gegenstände mit weniger Kraftaufwand anheben, halten und/oder transportieren.

Beispiele:

- Du schiebst einen Keil unter einen Schrank. Damit kannst du den Schrank leichter anheben.

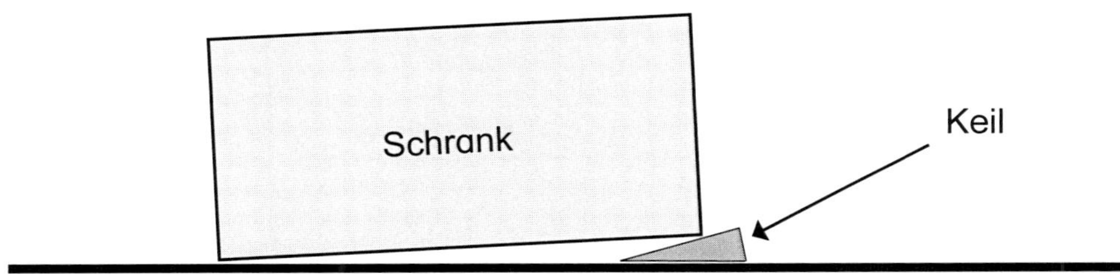

- Auf einer schiefen Ebene ist es möglich: Mit weniger Kraftaufwand bringst du Gegenstände (z.B. Fässer) höher. Die schiefe Ebene kann z.B. eine Rampe (= Auffahrt, Laderampe) sein.

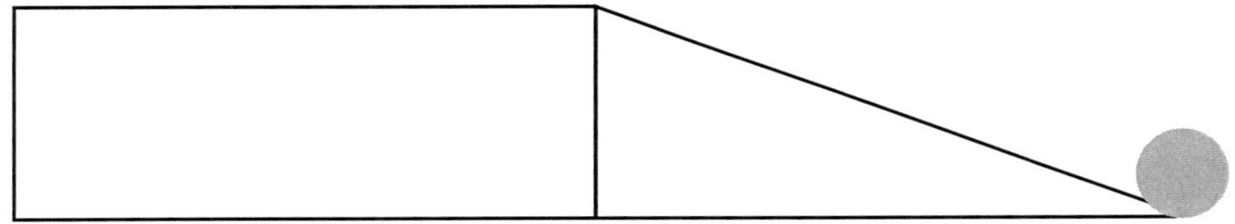

- Ebenfalls mit Hebeln lässt sich Kraft sparen. Hebel haben jeweils einen Drehpunkt. Es gibt einseitige und zweiseitige Hebel:

EINFaCH PHYSIK
Elementares Wissen in einfacher Sprache leicht und verständlich erklärt (Band 3) – Bestell-Nr. 12 175
KOHL VERLAG

20 Die goldene Regel der Mechanik

Ein Hebel kann z.B. eine einfache Stange sein. Auch für Hebel gilt die goldene Regel der Mechanik. Je länger der Hebel ist, desto weniger Kraft kannst du zum Heben einer Last einsetzen. Das Hebelgesetz besagt: Ein Hebel befindet sich im Gleichgewicht, wenn das Ergebnis vom Kraftarm mal Lastarm auf beiden Seiten gleich ist.

Hebel kommen im täglichen Leben ganz oft vor, z.B. als Scheren, Zangen, Türklinken, Brechstangen, Schubkarren …

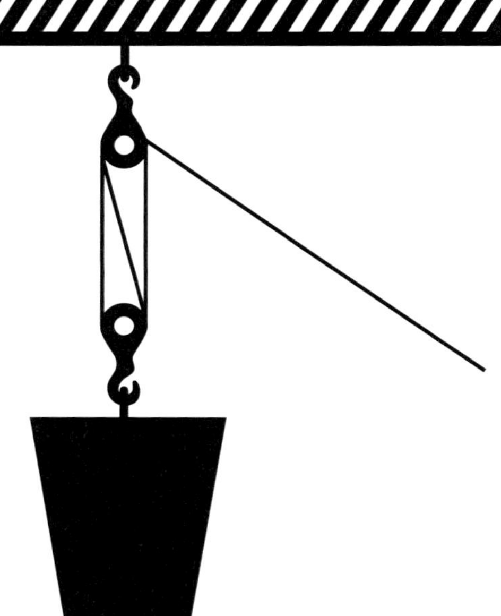

- Auch Flaschenzüge helfen sehr beim Heben von Lasten. Die tragenden Seilstücke an Flaschenzügen verringern die erforderliche Kraft zum Heben von Lasten. Es gilt:

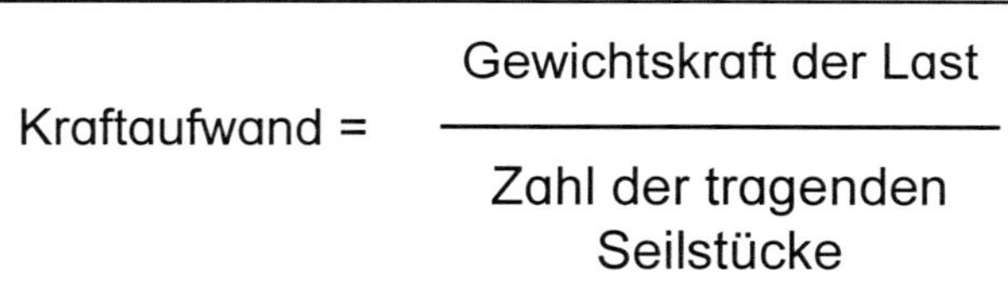

Aufgabe 2: *Beantworte die Fragen.*

a) Mit welchen technischen Hilfsmitteln lässt sich Kraft sparen?

____

b) Wie heißt das Hebelgesetz?

____

c) Wie lässt sich die nötige Kraft zum Heben von Lasten mit Flaschenzügen berechnen?

____

Kraftaufwand = ________________

KOHL VERLAG EINFaCH PHYSIK Elementares Wissen in einfacher Sprache leicht und verständlich erklärt (Band 3) – Bestell-Nr. 12 175

20 Die goldene Regel der Mechanik

EA

Aufgabe 3: *Zeichne und/oder beschreibe: Wie lässt sich der Deckel der Farbdose per Schraubendreher mit wenig Kraftaufwand öffnen?*

____

____

____

EA

Aufgabe 4: *Berechne.*

a) An einem Flaschenzug mit vier tragenden Seilstücken hängt eine Last. Die Last hat eine Gewichtskraft von 180 Newton. Wie viel Kraft (= Newton) sind nötig, um die Last festzuhalten?

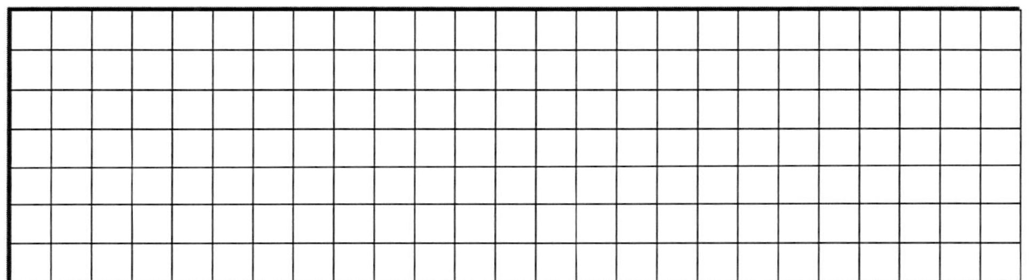

b) Wie viel Kraft (in Newton) ist zum Halten einer Last von 150 Newton mit Hilfe eines Flaschenzuges erforderlich? Dieser Flaschenzug besitzt zwei tragende Seilstücke.

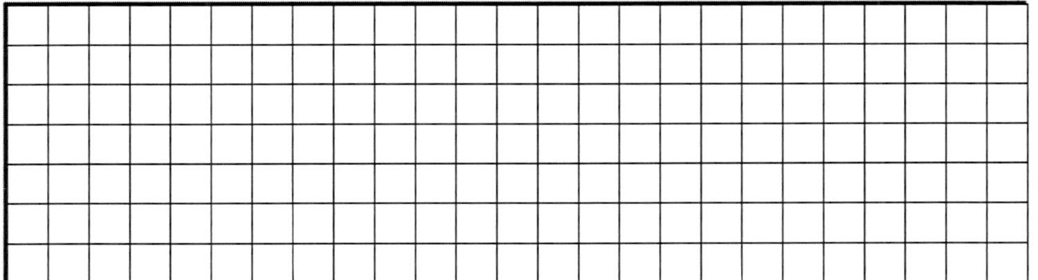

c) Gegeben ist der folgende Hebel. Bei welcher Kraft (Newton) befindet sich der Hebel im Gleichgewicht?

Last	Länge des Lastarms	Länge des Kraftarms	Kraftaufwand
20 Newton	40 cm	50 cm	?

EINFaCH PHYSIK
Elementares Wissen in einfacher Sprache leicht und verständlich erklärt (Band 3) – Bestell-Nr. 12 175

21 Energie

Energie kann Arbeit leisten. Mit anderen Worten: Energie ist sozusagen der „Treibstoff" zur Arbeit. Verschiedene Energiequellen (= Energieträger) gibt es:

> *die Biomasse (z.B. Holz), die Braunkohle, das Erdgas, das Erdöl, die Erdwärme, die Kernenergie (= Atomkraft), die Sonne, die Steinkohle, das Wasser, der Wind …*

Man unterscheidet zwischen **nicht erneuerbaren und erneuerbaren Energiequellen** (= Energieträger). Bei nicht erneuerbaren Energiequellen (= Energieträger) werden die Vorräte auf der Erde immer knapper.

EA

Aufgabe 1: *Beantworte die Fragen.*

a) Was ist Energie? Wozu ist sie fähig?

____

____

____

b) Denke gründlich nach und ordne richtig zu: Welche der 10 im Infokasten genannten Energiequellen (= Energieträger) gehören wozu?

Nicht erneuerbare Energiequellen (= Energieträger)	Erneuerbare Energiequellen (= Energieträger)

EA

Aufgabe 2: *Welche der genannten Energiequellen ist (wohl) die größte Energiequelle, welche die gefährlichste Energiequelle?*

____

____

____

EINFaCH PHYSIK
Elementares Wissen in einfacher Sprache leicht und verständlich erklärt (Band 3) – Bestell-Nr. 12 175

21 Energie

Im Jahr 2011 kam es im japanischen Atomkraftwerk Fukushima zu einer Katastrophe. Vor allem deshalb beschlossen die deutschen Politiker, Atomkraftwerke in Deutschland abzuschalten und zukünftig auf die sehr gefährliche Kernenergie (= Atomkraft) zu verzichten. In Deutschland versucht man, mehr und mehr erneuerbare Energiequellen (= Energieträger) zu nutzen.

EA

Aufgabe 3: *Was meinst du dazu? Findest du es richtig, von Kernkraftwerken nach und nach auf erneuerbare Energiequellen zu wechseln?*

____

____

____

____

Unterschiedliche Formen der Energie kommen vor: Wärmeenergie, mechanische Energie, Strahlungsenergie, elektrische Energie, chemische Energie …

Formen der Energie lassen sich umwandeln, z.B. elektrische Energie in Wärmeenergie. Die Maßeinheit für die Energie heißt Joule. Diese Maßeinheit trägt den Namen des britischen Physikers James P. Joule (1818-1889).

EA

Aufgabe 4: *Was fällt dir selbst zum Thema Energie noch ein? Schreibe es auf.*

____

____

____

____

KOHL VERLAG
EINFaCH PHYSIK
Elementares Wissen in einfacher Sprache leicht und verständlich erklärt (Band 3) – Bestell-Nr. 12 175

Lernerfolgskontrolle

Test/Quiz Nr. 3

1. In der Physik ist die Arbeit das Ergebnis von Kraft mal ________________.
2. Die Maßeinheit für die physikalische Arbeit heißt ________________.
3. Als Leistung gilt in der Physik das Ergebnis von Arbeit geteilt durch die __________.
4. Die Maßeinheit für die physikalische Leistung ist heute ________________.
5. Früher war die ______________________________ (PS) die Maßeinheit für die physikalische Leistung.
6. Bei Reibungen bewegen sich die Oberflächen von Körpern ________________.
7. Reibung entsteht z.B., wenn du versuchst einen Schrank ________________.
8. Man unterscheidet drei Arten der Reibung: ________________________, ________________________ und ______________________.
9. Reibungen lassen sich verringern, durch z.B. Kugellager, Fette und ____________.
10. Die Reibungen können nicht nützlich oder ________________ sein.
11. Die Mechanik behandelt das Halten und die ________________ von Körpern.
12. Was in der Mechanik an Kraft gespart wird, muss an ______________________ zugegeben werden.
13. Die goldene Regel der Mechanik nennt man auch das „Gesetz von der Erhaltung der ________________“.
14. Beim Radfahren lässt sich Kraft sparen durch Schalten in einen niedrigeren ________________.
15. Mit einem Keil als Hilfsmittel kannst du eine Last ________________.
16. Jeder Hebel hat einen ________________.
17. Je _____________ ein Hebel ist, umso weniger Kraft brauchst du zum Heben einer Last.
18. Hebel gibt es im täglichen Leben z.B. als ________________.
19. Bei Flaschenzügen lässt sich die notwendige Kraft zum Heben von Lasten berechnen: Gewichtskraft der Last geteilt durch Anzahl der tragenden ________________.
20. Energie ist der „________________“ zur physikalischen Arbeit.
21. Drei nicht erneuerbare Energiequellen sind z.B. __________, _____________ und ________________.
22. Erneuerbare Energiequellen sind z.B. __________, ________ und __________.
23. Die Energiequellen bezeichnet man auch als ___________________________.
24. In Deutschland sollen zukünftig mehr die ______________________ Energiequellen genutzt werden.
25. Zwei verschiedene Formen der Energie sind u.a. ____________________________ ____.

EINFaCH PHYSIK
Elementares Wissen in einfacher Sprache leicht und verständlich erklärt (Band 3) – Bestell-Nr. 12 175
KOHL VERLAG

Lernerfolgskontrolle

Arbeit 3 **Name** ______________________________

Aufgabe: *Schreibe auf: Was kannst du sagen über ...*

1. ... die physikalische Arbeit und Leistung?
2. ... Reibungen?
3. ... die goldene Regel der Mechanik?
4. ... Energie?

KOHL VERLAG
EINFaCH PHYSIK
Elementares Wissen in einfacher Sprache leicht und verständlich erklärt (Band 3) – Bestell-Nr. 12 175

22 Das Licht und der Schall

Das Licht entsteht durch Lichtquellen. Lichtquellen sind z.B. unsere Sonne, Feuer und Lampen. Von den Lichtquellen bereitet sich das Licht aus. Normalerweise erscheint das Licht weiß. Am Regenbogen in der Natur ist aber zu erkennen: Das Licht ist zu zerlegen in die Farben Violett, Dunkelblau, Hellblau, Grün, Gelb, Orange, Rot. Sehr schnell ist das Licht. In einer Sekunde legt das Licht fast 300.000 km zurück.

Im Vergleich dazu ist der Schall erheblich langsamer. Mit dem Wort Schall ist die Verbreitung vom Tönen, gesprochenen Wörtern, Geräuschen ... gemeint. In der Luft setzt sich der Schall in einer Sekunde ca. 330 Meter fort. Dagegen ist der Schall im Wasser schneller (ca. 1500 Meter in einer Sekunde).

<u>Merke dir den Spruch</u>:

„Der Schall braucht Zeit.

In drei Sekunden kommt er im Freien etwa einen Kilometer weit.

Das Licht benötigt sehr viel weniger Zeit.

In einer Sekunde rast es beinahe 300.000 km weit."

EINFaCH PHYSIK
Elementares Wissen in einfacher Sprache leicht und verständlich erklärt (Band 3) – Bestell-Nr. 12 175

22 Das Licht und der Schall

EA

Aufgabe 1: *Beantworte die Fragen.*

a) Wodurch kommt es zu Licht?

____

b) Der Schall, was ist das?

____

c) Unsere Sonne ist von der Erde etwa 149,6 Millionen Kilometer entfernt. Rechne aus: Wie lange braucht ein Lichtstrahl der Sonne, um die Erde zu erreichen?

____

d) Der Schall legt in einer Sekunde in der Luft ca. 330 Meter zurück. Wie viel km/h sind das?

____

e) Im Wasser legt der Schall in einer Sekunde ca. 1500 Meter zurück. Wie viel km/h sind dies?

____

f) Warum ist bei einem Gewitter der Blitz eher zu sehen als der Donner zu hören?

____

g) Du bist in der Natur unterwegs. Plötzlich sieht du einen Blitz. 12 Sekunden später hörst du den Donner. Wie weit ist das Gewitter entfernt?

____

EINFaCH PHYSIK
Elementares Wissen in einfacher Sprache leicht und verständlich erklärt (Band 3) – Bestell-Nr. 12 175

23 Gewitter

EA

Aufgabe 1: *Bringe die folgenden 10 Sätze in die richtige logische Reihenfolge! Welcher Satz muss an erster Stelle stehen, welcher an zweiter Stelle, welcher an dritter Stelle …?*

	Dabei kommt in der Luft Elektrizität zustande.
	Diese Explosion ist zu hören als Knall (= Donner).
	Feuchte, sehr warme Luft steigt in die Höhe und stößt auf kalte Luftmassen.
	Gewitter gibt es dadurch:
	Bei Gewitter kommt es gewöhnlich zu stärkerem Wind und Regen.
	Warme und kalte Luftmassen treffen aufeinander.
	Durch die sehr hohe Temperatur eines Blitzes dehnt sich die erhitzte Luft wie bei einer Explosion aus.
	Die meisten Gewitter entstehen im Sommer und zwar dann:
	Eine sehr starke elektrische Spannung entlädt sich durch Blitze.
	Elektrisch positiv und negativ geladene Wolken(teile) prallen aufeinander und reiben sich.

EA

Aufgabe 2: *Schreibe die 10 Sätze in der richtigen, logischen Reihenfolge auf!*

EINFaCH PHYSIK
Elementares Wissen in einfacher Sprache leicht und verständlich erklärt (Band 3) – Bestell-Nr. 12 175

Gewitter

Vorsicht bei Gewittern

Unter einem Baum
Mann in Moskau vom Blitz erschlagen

26 Verletzte
Blitz schlägt beim Fußballspiel ein

Blitz trifft Hundebesitzer

Familie im Garten vom Blitz getroffen – fünf Menschen verletzt

Aufgabe 3: *Setze die folgenden 10 Wörter in den anschließenden Sätzen an der richtigen Stelle ein:*

Bäumen • Donner • Fahrrad • Fenster • Freien Knie • sicher • töten • vorsichtig • Wasser

Bei Gewittern solltest du sehr ____________________ sein.

Ein Blitz könnte dich treffen, dabei verletzen oder sogar _______________.

Schon beim ersten ____________ eines Gewitters solltest du ein Haus aufsuchen oder in ein Auto steigen bzw. darin bleiben.

Schließe geöffnete _________________.

In Autos und im unteren Bereich von Häusern bist du vor einem Gewitter ____________.

Ist dies nicht möglich und du bist im ________________:

Verlasse beim Baden z.B. in einem See sofort das _________________.

Halte Abstand von Metall. Stelle dein ______________ weit weg.

Gehe weg von einzeln stehenden ________________, Masten und Türmen.

Mache dich klein. Hocke dich nieder und umfasse mit den Armen deine _____________!

EINFaCH PHYSIK
Elementares Wissen in einfacher Sprache leicht und verständlich erklärt (Band 3) – Bestell-Nr. 12 175
KOHL VERLAG

23 Gewitter

EA

Aufgabe 4: *Beantworte die Fragen.*

a) Wodurch kommt es zu Gewittern?

____

____

b) Was passiert bei Blitzen?

____

____

c) Wie entsteht der Donner?

____

____

____

d) Warum sind Gewitter gefährlich?

____

____

____

EA

Aufgabe 5: *Wo bist du vor Gewittern geschützt?*

____

____

____

____

____

____

____

____

Michael Faraday.

EINFaCH PHYSIK
Elementares Wissen in einfacher Sprache leicht und verständlich erklärt (Band 3) – Bestell-Nr. 12 175
KOHL VERLAG

24 Der Regenbogen

Der Regenbogen ist eine Naturerscheinung, sozusagen ein „Schauspiel" der Natur. Du siehst einen Regenbogen unter diesen Voraussetzungen:

- Es hat soeben geregnet. In der Luft sind noch Regentropfen.
- Die Sonne scheint hinter dir.
- In einem Winkel von etwa 42° C steht die Sonne.

Nun brechen und zerlegen die Regentropfen in der Luft die weißen Sonnenstrahlen. Dabei werden am Himmel verschiedene Farben halbkreisförmig als Regenbogen sichtbar. Von unten nach oben gesehen sind es die Farben Violett, Dunkelblau, Hellblau, Grün, Gelb, Orange, Rot. Die Farben überlagern sich.

Manchmal ist außer dem Regenbogen noch ein Nebenregenbogen zu sehen. Der Nebenregenbogen ist lichtschwächer. Die Reihenfolge der Farben ist umgekehrt zu der beim Regenbogen. Ein Nebenregenbogen entsteht durch die zweimalige Brechung der Sonnenstrahlen in den Regentropfen.

EA

Aufgabe 1: *Male den Regenbogen an! Achte auf die richtige Reihenfolge der Farben.*

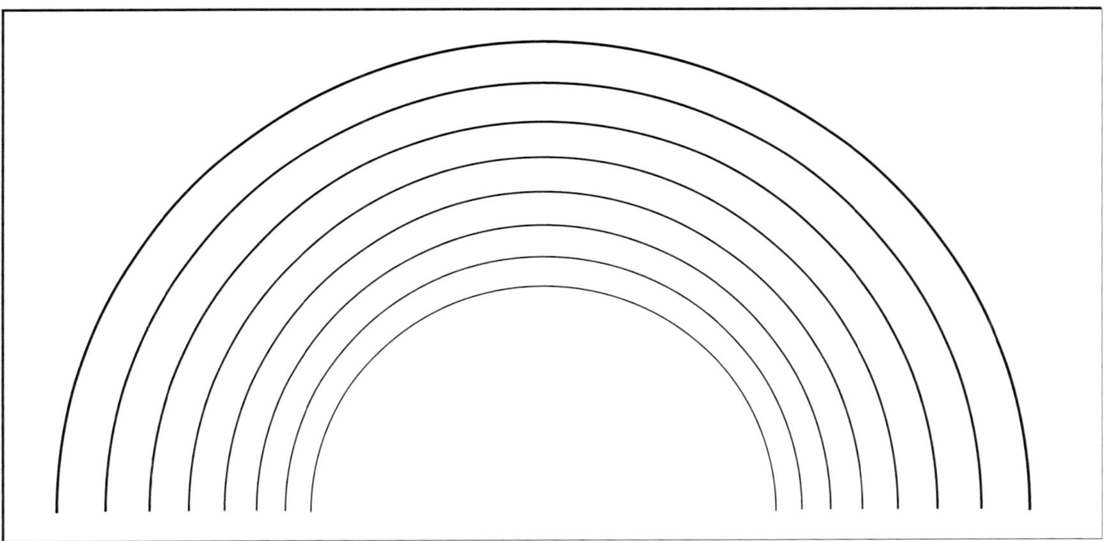

EA

Aufgabe 2: *Wodurch unterscheidet sich ein Nebenregenbogen von einem Regenbogen?*

____

____

____

____

____

____

25 # Magnete

EA

Aufgabe 1: *Verbinde jeweils mit einer Linie: Welcher Satzanfang gehört zu welchem Satzende?*

	Satzanfänge
1.	In Büchern und im Internet ist ...
2.	Das Wort Magnet soll von der alten ...
3.	Dort fand man ...
4.	Diese zogen manche ...
5.	Die Magnete haben ...
6.	Sie ziehen Eisen und Stahl stark an, ...
7.	Jeder Magnet besitzt zwei ...
8.	An den Polen haben ...
9.	Gleichnamige Pole stoßen sich ...
10.	Ungleichnamige Pole ziehen sich ...

	Satzenden
a)	... griechischen Landschaft Magnesia kommen.
b)	... Nickel und Kobalt weniger stark.
c)	... Pole, einen Nordpol und einen Südpol.
d)	... öfter zu lesen:
e)	... sich einander ab.
f)	... Magnete ihre stärkste Kraft.
g)	... andere Dinge an.
h)	... eine besondere, nicht sichtbare Kraft.
i)	... gegenseitig an.
j)	... angeblich „Magnetsteine“.

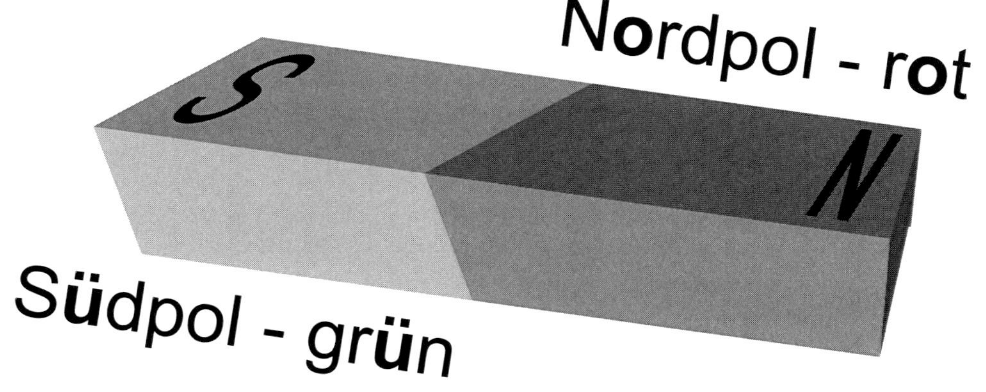

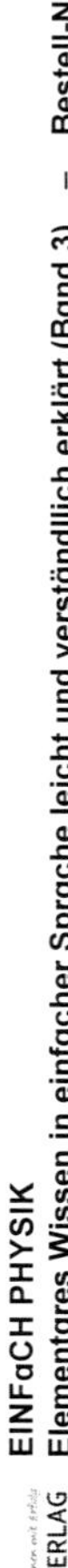
KOHL VERLAG
EINFaCH PHYSIK
Elementares Wissen in einfacher Sprache leicht und verständlich erklärt (Band 3) – Bestell-Nr. 12 175

Magnete

EA

Aufgabe 2: *Schreibe jetzt die zehn Sätze (siehe vorherige Seite) in der richtigen Reihenfolge vollständig auf. Unterstreiche im Text: Was ist am wichtigsten?*

EA

Aufgabe 3: *Schreibe drei eigene, kurze Sätze zum wichtigsten Inhalt des oberen Textes.*

Merke dir auch:

Alle Magnete besitzen um sich herum ein magnetisches Feld.

EA

Aufgabe 4: *Magnete kommen im alltäglichen Leben oft vor. Sie sind hilfreich. Nenne fünf verschiedene Möglichkeiten, wozu man Magnete nutzen kann.*

EINFaCH PHYSIK
Elementares Wissen in einfacher Sprache leicht und verständlich erklärt (Band 3) – Bestell-Nr. 12 175
KOHL VERLAG

Kompasse

Die Kompasse helfen den Menschen dabei, sich auf der Erde zu orientieren. Kompasse sind Geräte zur Bestimmung der Himmelsrichtungen.

Ein Kompass besitzt eine Magnetnadel. Diese ist ein kleiner, beweglicher Stabmagnet. Die Magnetnadel richtet sich entsprechend dem Magnetismus der Erde in Nord-Süd-Richtung aus. Die Erde selbst ist ein sehr großer Magnet. Sie hat einen wandernden magnetischen Pol in der Arktis. Außerdem besitzt die Erde einen magnetischen Pol in der Antarktis (siehe Abbildung). Die allermeisten Wissenschaftler gehen zurzeit davon aus: Der Magnetismus der Erde entsteht durch die Bewegungen des flüssigen Eisens im äußeren Erdkern.

Das obere Ende der Magnetnadel im Kompass zeigt in Richtung des magnetischen Pols in der Arktis, das untere Ende in Richtung des magnetischen Pols in der Antarktis. Zeigt die Magnetnadel in diese zwei Richtungen: Dann lassen sich auf dem Kompass die anderen Himmelsrichtungen mit der beweglichen Windrose anzeigen.

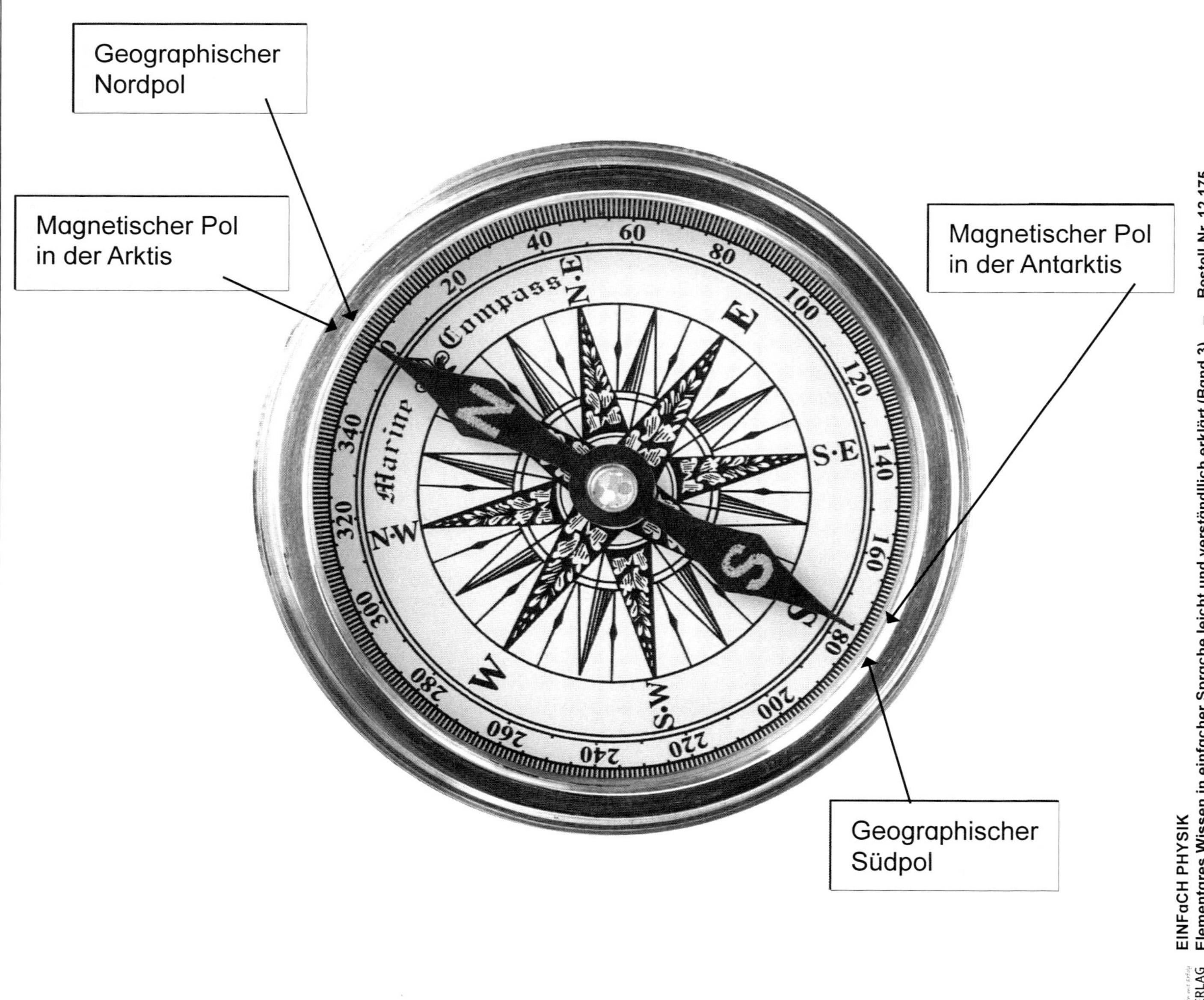

KOHL VERLAG
EINFaCH PHYSIK
Elementares Wissen in einfacher Sprache leicht und verständlich erklärt (Band 3) – Bestell-Nr. 12 175

26 Kompasse

EA

Aufgabe 1: *Beantworte ganz kurz.*

a) Dabei helfen Kompasse den Menschen:

____

b) Das sind Kompasse:

____

c) Das ist die Magnetnadel des Kompasses:

____

d) In diese Richtung zeigt die Magnetnadel:

____

e) Auch die Erde ist ein sehr großer:

____

f) Dort befindet sich der eine magnetische Pol der Erde:

____

g) Dort liegt der andere magnetische Pol der Erde:

____

h) Hier entsteht nach Meinung der allermeisten Wissenschaftler der Erdmagnetismus:

____

i) Damit lassen sich die Himmelsrichtungen auf dem Kompass anzeigen:

____

j) Mit diesen beiden Polen darf man die magnetischen Pole der Erde nicht verwechseln:

____

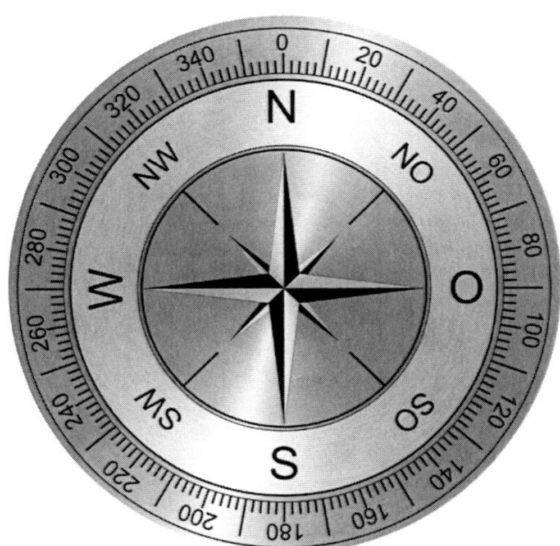

EINFaCH PHYSIK
Elementares Wissen in einfacher Sprache leicht und verständlich erklärt (Band 3) – Bestell-Nr. 12 175

26 # Kompasse

Ein Versuch

1. Zuerst gießen wir Wasser in eine Schale.
2. Wir nehmen einen Magneten und streichen damit öfter längs über eine Stopfnadel (aus Stahl).
3. Danach stecken wir die Stopfnadel längs durch einen Flaschenverschluss aus Kork (z.B. Weinkorken)
4. Dann legen wir den Flaschenverschluss mit der Stopfnadel (hindurch) auf das Wasser in der Schale.
5. Zuletzt drehen wir den Flaschenverschluss mit der Stopfnadel (hindurch) mehrmals im Kreis auf dem Wasser.

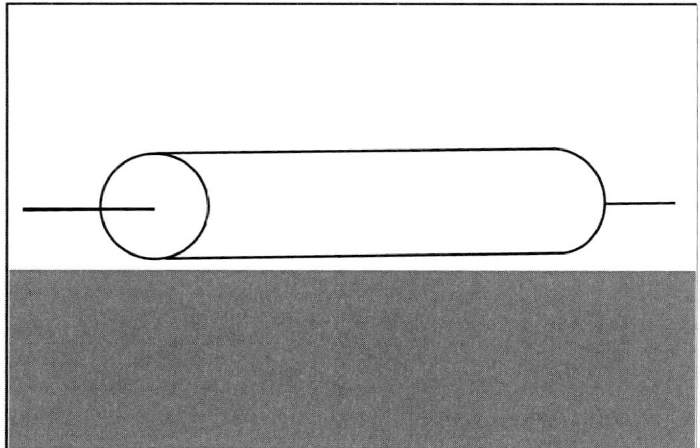

EA

Aufgabe 2: **a)** *Vermutung: Was wird passieren?*

____

____

____

b) *Beobachtung: Was passiert tatsächlich?*

____

____

____

c) *Auswertung: Wie ist das zu erklären, was passiert ist?*

____

____

____

KOHL VERLAG EINFaCH PHYSIK Elementares Wissen in einfacher Sprache leicht und verständlich erklärt (Band 3) – Bestell-Nr. 12 175

27 Weitere Verwendungen von Magneten

Nicht nur als Kompass zur Orientierung sind Magnete den Menschen nützlich. Die Menschen verwenden Magnete auch für viele andere Zwecke. So dienen Magnete zum Befestigen von Dingen (z. B. Magnettafeln). Magnete halten Türen und Schränke (u.a. Kühlschränke) zu. Es gibt magnetisches Spielzeug für Kinder. Ärzte benutzen Magnetisches zum Erkennen und Heilen von Krankheiten sowie Verletzungen.

Der Magnetismus und die Elektrizität hängen eng miteinander zusammen. Durch Magnetismus kann Elektrizität entstehen. Umgekehrt kann Elektrizität Magnetismus bewirken. Elektromagnete lassen sich einschalten und ausschalten. Sie kommen in der Technik an zahlreichen Stellen vor, z.B. an elektrischen Klingeln, Türöffnern, Kränen zum Heben von Lasten …

Bei Magnetschwebebahnen fahren Züge ohne Räder sehr schnell ganz dicht oberhalb der Magnetschienen. Genauer gesagt: Die Züge schweben über Fahrstrecken hinweg. Dabei erreichen die Züge eine Geschwindigkeit von über 400 km/h. Manche Züge sind derzeit sogar bis zu ca. 600 km/h schnell. Elektromagnete tragen und halten die Züge in der Spur. Der Antrieb und das Bremsen der Züge erfolgen elektromagnetisch gewöhnlich jeweils durch einen starken Motor in der Fahrstrecke.

EA

Aufgabe 1: *Erkläre kurz in einem Satz: Was sind Magnetschwebebahnen?*

____

____

____

KOHL VERLAG EINFaCH PHYSIK Elementares Wissen in einfacher Sprache leicht und verständlich erklärt (Band 3) – Bestell-Nr. 12 175

28 Einstieg in die Elektrizität

Ein Versuch

1. Wir pusten einen Luftballon auf.
2. Dann knoten wir den Luftballon zu.
3. Nun reiben wir den Luftballon mehrere Male an einem Wollpullover oder an unseren Haaren.
4. Jetzt drücken wir den Luftballon vorsichtig gegen eine Wand im Raum.

EA

Aufgabe 1: *Schreibe auf.*

a) Was passiert?

____

____

____

b) Wie erklärst du dir diesen Vorgang?

____

____

____

c) Wie lässt sich der Vorgang physikalisch erklären?

____

____

____

____

____

____

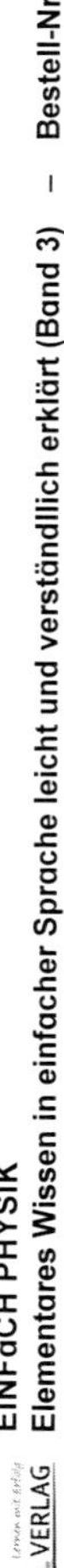

29 Elektrizität

Elektrizität bedeutet: Elektrischer Strom fließt. Elektrischer Strom entsteht so: Sehr kleine Teilchen (= Elektronen) bewegen sich in Stromleitern. Die Elektronen sind negativ geladen. Sie bewegen sich dann: An manchen Stellen sind zu viele oder zu wenige Elektronen vorhanden.

Zum Fließen von elektrischem Strom ist erforderlich: Es besteht ein Stromkreis. Dieser muss geschlossen sein. Zu einem Stromkreis gehört eine Stromquelle mit einem Pluspol und Minuspol. Batterien z.B. sind Stromquellen. Im Weiteren besteht ein Stromkreis aus einer Stromleitung und einem Stromverbraucher. Lampen z.B. sind Stromverbraucher. Mit einem Schalter lässt sich der Stromkreis schließen und unterbrechen.

Metalle (Eisen, Kupfer ...), Kohle, Säuren ... leiten den elektrischen Strom (sehr) gut. Dagegen leiten u.a. Gummi, Holz, Glas und die meisten Kunststoffe Strom nicht.

Der Begriff Elektrizität kommt vom griechischen Wort „*elektron*" (= Bernstein). Beim Reiben von Bernstein an einigen anderen Stoffen sahen Griechen im Altertum:

Bernstein zieht diese Stoffe an (= Reibungselektrizität).

Elektrischer Strom fließt unter der Voraussetzung: Der Stromkreis ist geschlossen. Kein elektrischer Strom fließt dann: Der Stromkreis ist offen.

Aufgabe 1: *Setze die folgenden Wörter in der Zeichnung an der richtigen Stelle auf:*

Schalter • Stromleitung • Stromquelle • Stromverbraucher

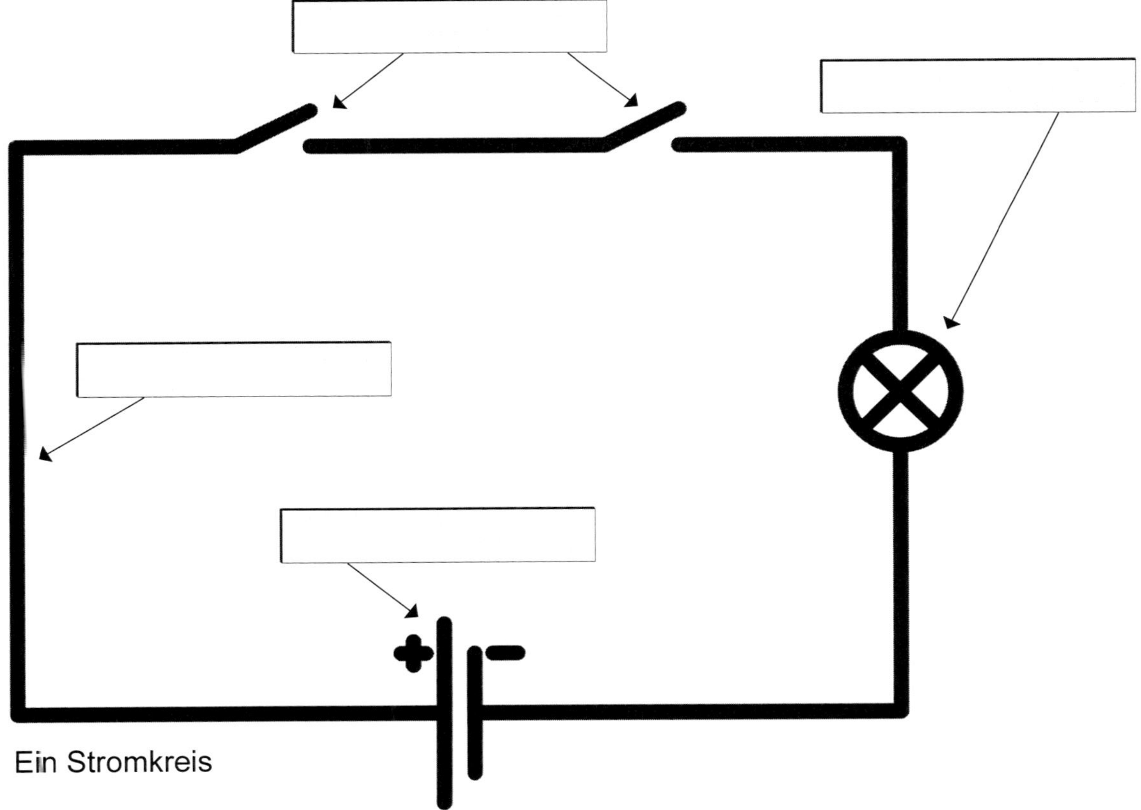

Ein Stromkreis

Elektrizität

EA

Aufgabe 2: *Bilde Sätze mit diesen Anfängen:*

a) Elektrischer Strom entsteht durch ...

b) Ein Stromkreis besteht aus einer ...

c) Sehr gute Stromleiter sind ...

d) Den Strom leiten nicht ...

e) Aus der griechischen Sprache stammt das Wort ...

f) Elektron heißt aus der griechischen Sprache wörtlich ...

g) In einem geschlossenen Stromkreis ...

h) Kein elektrischer Strom ...

EINFaCH PHYSIK
Elementares Wissen in einfacher Sprache leicht und verständlich erklärt (Band 3) – Bestell-Nr. 12 175

29 Elektrizität

Größen und Maßeinheiten

In der Elektrizität gibt es verschiedene Größen und Maßeinheiten. Die wichtigsten und bekanntesten sind:

Alessandro Graf Volta.

Die elektrische Spannung

Die elektrische Spannung ist die treibende Kraft der Elektronen, deren mögliche Aktivität: Elektronen fließen durch die Leitung vom Minuspol zum Pluspol der Stromquelle. Man misst die (elektrische) Spannung in Volt.

A. Volta (1745-1827) war ein italienischer Physiker.

Der elektrische Widerstand

Der elektrische Widerstand ist die Kraft, die sich dem fließenden Strom in der Leitung entgegenstellt. Die Maßeinheit für den elektrischen Widerstand heißt Ohm.

G.S. Ohm (1789-1854) war ein deutscher Physiker.

André Marie Ampère.

Die Stromstärke

Die Stromstärke zeigt an, mit welcher Stärke der elektrische Strom wirklich fließt. Die Stromstärke wird so berechnen:

$$\text{Stromstärke} = \frac{\text{Elektrische Spannung}}{\text{Elektrischer Widerstand}}$$

Für die Stromstärke gilt die Maßeinheit Ampere.

A.-M. Ampère (1775-1836) war ein französischer Physiker.

EA

Aufgabe 3: *Erkläre in eigenen kurzen Sätzen den Unterschied zwischen der (elektrischen) Spannung, dem (elektrischen) Widerstand und der Stromstärke.*

____

____

____

EINFaCH PHYSIK
Elementares Wissen in einfacher Sprache leicht und verständlich erklärt (Band 3) – Bestell-Nr. 12 175

29 Elektrizität

Ein Vergleich:

Anschaulich, aber sehr vereinfacht lassen sich die (elektrische) Spannung, der (elektrische) Widerstand und die Stromstärke mit Wasser vergleichen: Demnach entspricht die (elektrische) Spannung dem Druck von Wasser (= Wasserdruck). Der Wasserdruck kann z.B. Wasser durch ein Rohr drücken. Das Rohr bildet aber einen Widerstand. Die (elektrische) Stromstärke ist mit dem tatsächlichen Wasserfluss durch das Rohr gleichzusetzen.

Die elektrische Leistung berechnet man folgendermaßen: Du multiplizierst die (elektrische) Spannung mit der Stromstärke, Elektrische Leistung = (elektrische) Spannung mal Stromstärke. Die Maßeinheit für die (elektrische) Leistung lautet Watt. James Watt (1736-1819) war ein britischer Ingenieur.

Die (elektrische) Arbeit ist das Ergebnis der (elektrischen) Leistung mal Zeit. Die gewöhnliche Maßeinheit dafür ist die Kilowattstunde (kWh). Nach den verbrauchten Kilowattstunden berechnet man den Strompreis.

Aufgabe 4: *Beantworte die Fragen.*

a) Elektrische Leistung - was ist damit gemeint?

b) Wodurch ergibt sich die elektrische Arbeit?

c) Wonach berechnet man den Strompreis?

Elektrischer Strom kommt in Häusern in Deutschland normalerweise mit einer Spannung von 230 Volt aus der Steckdose. Für Starkstromgeräte (z.B. ein Herd) beträgt die (elektrische) Spannung aus der Steckdose gewöhnlich 400 Volt.

Elektrizität

EA

Aufgabe 5: *Setze diese acht Wörter in den folgenden acht Sätzen an der richtigen Stelle ein:*

Deshalb • Elektrischer • Elektrizität • Er • Fast • Leitungsnetze • Ohne • Unsichtbar

a) ______________ elektrischen Strom ist heute ein Leben der Menschen kaum vorzustellen.

b) _______________ überall braucht und nutzt man elektrischen Strom.

c) __________________________ Strom lässt sich erzeugen (= herstellen) aus der Energie des Wassers, des Windes, der Sonne, der Kohle, des Erdöls, des Erdgases, der Atomkraft (= Kernenergie).

d) ____________________________ transportieren den elektrischen Strom über lange Strecken.

e) __________________________ kann man umwandeln in Licht (siehe Lampen), in Wärme (siehe Heizung) und Kälte (siehe Kühlschrank), in Bewegung (siehe Elektromotor) …

f) ______________________ ist und zugleich sehr gefährlich sein kann elektrischer Strom.

g) ______ kann Menschen und Tiere verletzen (z.B. Verbrennungen und Muskelkrämpfe sind möglich) oder sogar töten.

h) _______________ solltest du bei elektrischem Strom überaus vorsichtig sein und die Warnungen davor sowie die Sicherheitsbestimmungen dazu unbedingt beachten.

Hund stirbt nach Stromschlag vor dem Supermarkt

Kinder sterben durch Föhn in der Wanne

Jugendlicher stirbt durch Stromschlag

Stromschlag tötet leichtsinnigen Mann

Bestell-Nr. 12 175

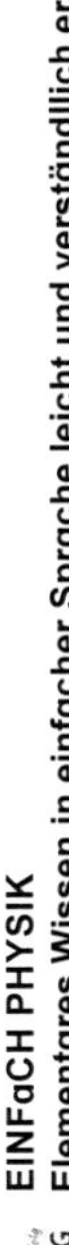

30 Die Kernenergie (= Atomkraft)

Atome spielen eine sehr große Rolle. Schon griechische Forscher im Altertum meinten: Alle materiellen Dinge der Welt bestehen aus ganz vielen, fast unvorstellbar kleinen Teilchen. Diese sind mit den bloßen Augen nicht zu sehen. Die Griechen nannten sie „atomos“ (= Atome). Dies heißt in die deutsche Sprache übersetzt so viel wie „unteilbar“.

Heute weiß man: Jedes der fast 120 bekannten Elemente (= Grundstoffe) setzt sich zusammen aus eigenen, gleichen Atomen. Elemente sind z.B. Wasserstoff, Kohlenstoff, Sauerstoff, Aluminium, Eisen ...

Atome sind physikalisch keineswegs unteilbar. Sie bestehen aus noch kleineren Teilchen. So haben Atome einen Atomkern. Darin befinden sich positiv geladene Protonen und neutrale Neutronen. Um den Atomkern herum bewegen sich sehr schnell negativ geladene Elektronen. Auch noch so manche weitere, überaus kleine Teilchen gibt es oder vermutet man.

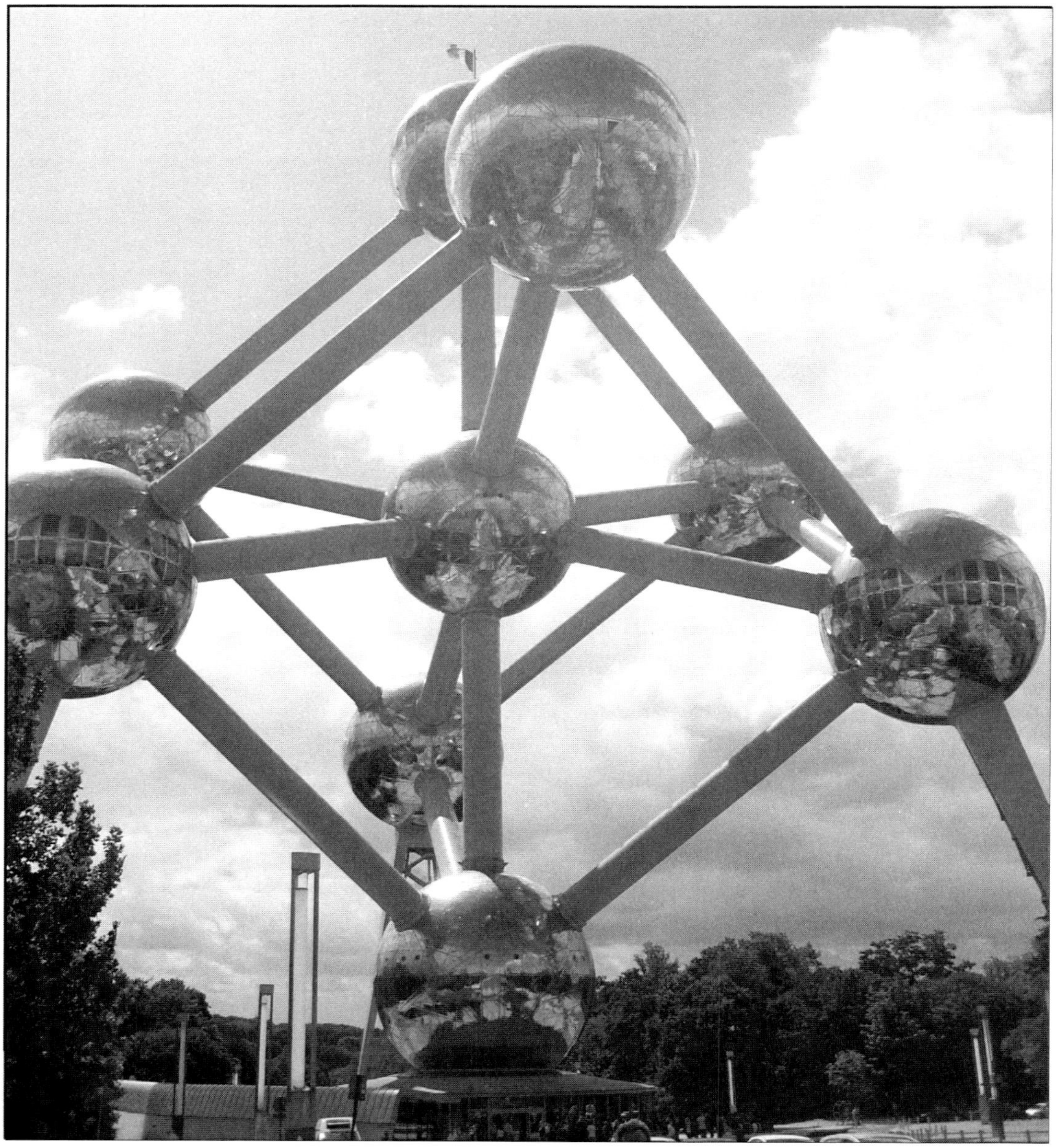

Das Atomium in Brüssel – Das Modell ist über 100 Meter hoch. Es soll ein Kristall aus Eisen darstellen, das aus neun Atomen besteht.

30 Die Kernenergie (= Atomkraft)

Aufgabe 1: *Beantworte kurz.*

a) Daraus bestehen alle materiellen Dinge:

____

b) Aus dieser Sprache kommt das Wort Atom:

____

c) Das Wort „*atomos*" heiß wörtlich in die deutsche Sprache übersetzt:

____

d) So viele Elemente kennt man heute:

____

e) Das Wort Elemente bedeutet so viel wie:

____

f) Einige Elemente heißen z.B.:

____

g) Atome sind:

____

h) In den Atomen befinden sich:

____

i) Die Atomkerne bestehen aus:

____

j) So sind die Protonen geladen:

____

k) So sind die Neutronen geladen:

____

l) Um die Atomkerne herum bewegen sich:

____

m) So sind die Elektronen geladen:

____

KOHL VERLAG EINFaCH PHYSIK Elementares Wissen in einfacher Sprache leicht und verständlich erklärt (Band 3) – Bestell-Nr. 12 175

30 Die Kernenergie (= Atomkraft)

Aus Atomen lässt sich Energie gewinnen, die Kernenergie (= Atomkraft). Man schafft diese Energie durch die Spaltung von Atomkernen. Die Spaltung der Atomkerne erfolgt so: Atomkerne werden mit Neutronen beschossen. Dadurch kommt es zu weiteren Spaltungen und Kettenreaktionen. Dadurch entsteht enorm viel Energie als Wärme, Kraft, Strahlung, Elektrizität.

In Kernkraftwerken (auch Atomkraftwerke genannt) wird Energie gewonnen. Dazu dient vor allem das Element Uran. Die Kernkraft (= Atomenergie) ist sehr gefährlich. Dies zeigen u.a. die Unfälle in Kernkraftwerken. Frei gewordene Strahlen durch die Kernenergie (= Atomkraft) schädig(t)en die Gesundheit von Menschen und anderen Lebewesen. So manche Menschen und Tiere starben durch radioaktive Strahlen.

Kernenergie (= Atomkraft) lässt sich auch verwenden für den Bau von Atombomben. Damit können Kriege geführt werden. Auch deshalb geht von der Kernenergie (= Atomkraft) eine sehr große Gefahr aus.

Aufgabe 2: *Beantworte die Fragen.*

a) Wie gewinnt man Kernenergie (= Atomkraft)?

____

____

____

b) Wo wird die Kernenergie (Atomkraft) gewonnen?

____

____

____

c) Welches Element wird hauptsächlich zum Gewinn von Kernenergie (= Atomkraft) benutzt?

____

____

d) Warum ist die Kernenergie (= Atomkraft) sehr gefährlich?

____

____

____

e) Was hältst du von der Kernenergie (= Atomkraft)?

____

____

____

KOHL VERLAG EINFaCH PHYSIK Elementares Wissen in einfacher Sprache leicht und verständlich erklärt (Band 3) – Bestell-Nr. 12 175

Lernerfolgskontrolle

Test/Quiz Nr. 4

1. Das Licht lässt sich zerlegen in verschiedene ____________________.
2. Die Geschwindigkeit des Lichtes beträgt fast ____________________________.
3. Regenbogen kommen durch die Brechung und Zerlegung des Lichtes durch ______________________ zustande.
4. In der Luft legt der Schall in einer Sekunde etwa _____________ zurück.
5. Bei Gewittern treffen kalte und warme ___________________ aufeinander.
6. Blitze entstehen durch starke elektrische ___________________.
7. Zum ___________ kommt es durch die explosionsartige Ausdehnung der erhitzten Luft.
8. Magnete besitzen ____________ Pole.
9. ______________________ Pole stoßen sich einander ab.
10. Dagegen ziehen sich __________________________ Pole gegenseitig an.
11. Vor allem ziehen Magnete _____________ und Stahl an.
12. Die Erde besitzt jeweils einen magnetischen Pol in der ______________ und ___________________.
13. Die Magnetnadeln der Kompasse richten sich in die _____________ aus.
14. Magnetschwebebahnen fahren ohne _______________ unmittelbar über den Magnetschienen.
15. Durch Magnetismus kann _______________________ entstehen und umgekehrt.
16. Elektrischer Strom ergibt sich durch __________________, die sich in Stromleitern bewegen.
17. Zum Fließen von elektrischem Strom muss der Stromkreis ___________________ sein.
18. _____________ z.B. sind (sehr) gute Stromleiter.
19. Die elektrische Spannung wird in ______________ gemessen.
20. Die Maßeinheit für den elektrischen ___________________ heißt Ohm.
21. Ampere ist die Maßeinheit für die ___________________.
22. Atomkerne enthalten ____.
23. Um die Atomkerne herum bewegen sich _____________ geladene Elektronen.
24. Bei der Spaltung von Atomkernen beschießt man die Atomkerne mit ___________________.
25. Zur Gewinnung von Atomenergie wird vor allem das Element ________ benutzt.

KOHL VERLAG EINFaCH PHYSIK
Elementares Wissen in einfacher Sprache leicht und verständlich erklärt (Band 3) – Bestell-Nr. 12 175

Lernerfolgskontrolle

Arbeit 4 **Name** ______________________________

Aufgabe: *Schreibe auf: Was kannst du sagen über ...*

1. ... das Licht und den Schall?
2. ... Magnete?
3. ... die Elektrizität?
4. ... die Kernenergie (= Atomkraft)?

KOHL VERLAG EINFaCH PHYSIK Elementares Wissen in einfacher Sprache leicht und verständlich erklärt (Band 3) – Bestell-Nr. 12 175

31 Physik in Zahlen

EA

Aufgabe 1: *Setze anschließend die richtigen Zahlen ein.*

1.	Bei so viel Grad Celsius hat das Wasser seine größte Dichte:	
2.	Etwa bei so viel Grad Celsius liegt der absolute Nullpunkt der Temperatur:	
3.	Ein Newton entspricht auf der Erde der Gewichtskraft eines solch schweren Körpers (in g):	
4.	Ungefähr so viel mal ist die Schwerkraft auf der Erde größer als auf dem Mond:	
5.	Eine Person, die in einer Sekunde 5 Meter zurücklegt, bewegt sich mit dieser Geschwindigkeit (in km/h) fort:	
6.	50 Watt sind so viel PS:	
7.	So viele Arten der Reibung unterscheidet man (gewöhnlich):	
8.	In so viele verschiedene Farben zerlegt ein Regenbogen das Licht:	
9.	Bei einem Regenbogen steht die Sonne in einem Winkel von ca. so viel Grad:	
10.	Etwa so viele km legt das Licht in einer Sekunde zurück:	
11.	In einer Sekunde legt der Schall in der Luft ungefähr diese Strecke (in Metern) zurück:	
12.	Im Wasser legt der Schall in einer Sekunde etwa so viele Meter zurück:	
13.	Ein Magnet hat so viele Pole:	
14.	Elektrischer Strom kommt in Deutschland gewöhnlich mit dieser Spannung (in Volt) aus der Steckdose:	
15.	Bei Starkstromgeräten (= z.B. ein Herd) kommt der elektrische Strom in Deutschland in der Regel mit der Spannung in Volt aus der Steckdose:	

Lösungshilfe

Die Zahlen geordnet nach der Größe:

-273 / 2 / 3 / 4 / 6 / 7 / 18 / 42 / 68 / 100 / 230 / 330 / 400 / 1500 / 300.000

KOHL VERLAG Lernen mit Erfolg
EINFaCH PHYSIK
Elementares Wissen in einfacher Sprache leicht und verständlich erklärt (Band 3) – Bestell-Nr. 12 175

32 Stimmt oder stimmt nicht?

EA

Aufgabe 1: *Kreuze an: Welche anschließenden Aussagen stimmen, welche nicht?*

		Stimmt	Stimmt nicht
1	In Physik geht es um lebendige Dinge in der Natur.		
2	Man unterscheidet gewöhnlich drei Zustandsformen von Stoffen.		
3	Trockeneis ist Kohlenstoffdioxid im flüssigen Zustand.		
4	Der Schmelzpunkt eines Stoffes weist eine höhere Temperatur als sein Siedepunkt auf.		
5	Im festen Zustand sind die Teilchen der Stoffe am dichtesten zusammen.		
6	Wasser gefriert normalerweise bei 0° Celsius (= 32 ° Fahrenheit).		
7	Wissenschaftler messen Temperaturen in der Maßeinheit Kelvin.		
8	Unter 4° C wird das Volumen des Wassers zunehmend geringer.		
9	Wasser besitzt eine Oberflächenspannung.		
10	Bei größerer Dichte als Wasser schwimmen Gegenstände.		
11	Bei fliegenden Flugzeugen besteht unter ihren Flügeln ein Überdruck, über den Flügeln ein Unterdruck.		
12	Den Unterdruck nennt man auch Auftrieb.		
13	Die Maßeinheit für Kraft heißt Newton.		
14	Zu jeder Kraft gibt es eine Gegenkraft.		
15	Am geographischen Nordpol und Südpol ist die Erdanziehungskraft kleiner als am Äquator.		
16	Der Mensch hat am geographischen Nordpol und Südpol etwas weniger Gewicht als am Äquator.		
17	Die Masse eines Körpers ist von Ort zu Ort unterschiedlich.		
18	Bei kreisförmigen Bewegungen wirkt die Zentralkraft nach innen, die Fliehkraft nach außen.		
19	In der Physik ergibt sich die Arbeit aus Kraft geteilt durch den Weg.		
20	Arbeit geteilt durch die Zeit ist in der Physik die Leistung.		
21	Ein PS entspricht 1,38 Watt.		

KOHL VERLAG EINFaCH PHYSIK Elementares Wissen in einfacher Sprache leicht und verständlich erklärt (Band 3) – Bestell-Nr. 12 175

32

Stimmt oder stimmt nicht?

Nr.	Aussage	Stimmt	Stimmt nicht
22	Unterschieden wird zwischen der Haft-, Gleit- und Rollreibung.		
23	Zur Fortbewegung eines Gegenstandes ist bei der Rollreibung mehr Kraft einzusetzen als bei der Gleitreibung.		
24	Gemäß der goldenen Regel der Mechanik gilt: Was man an Kraft spart, muss man an Weglänge zugeben.		
25	Mit u.a. Hebeln lässt sich Kraft sparen.		
26	Erdöl ist eine erneuerbare Energiequelle.		
27	Der Schall breitet sich in der Luft schneller aus als im Wasser.		
28	Das Licht legt in einer Sekunde eine Strecke von ca. 30.000 km zurück.		
29	Bei einem Gewitter treffen in der Luft elektrisch positiv und negativ geladene Wolken(teile) aufeinander und reiben sich.		
30	Regentropfen können in der Luft die weißen Sonnenstrahlen brechen und in verschiedene Farben zerlegen.		
31	Magnete ziehen Eisen und Stahl stark an, Nickel und Kobalt weniger stark.		
32	Gleichnamige Magnetpole ziehen sich an.		
33	Beim Kompass zeigt das obere Ende der Magnetnadel zum geographischen Nordpol.		
34	Elektrischer Strom entsteht durch die Bewegung von Elektronen.		
35	Zum Fließen von elektrischem Strom muss der Stromkreis offen sein.		
36	Die meisten Kunststoffe leiten elektrischen Strom nicht.		
37	Man misst die elektrische Spannung in der Maßeinheit Ampere, den elektrischen Widerstand in Ohm und die elektrische Stromstärke in Volt.		
38	Die Atomkraft nennt man auch Kernenergie.		
39	Elektronen sind elektrisch positiv geladen, Protonen elektrisch negativ geladen.		
40	Zur Atomkernspaltung beschießt man Atomkerne mit Neutronen.		

EA

Aufgabe 2: *Insgesamt sind 20 Aussagen falsch. Hast du alle gefunden? Dann schreibe nun die Verbesserung dieser Aussagen in dein Heft.*

EINFaCH PHYSIK
Elementares Wissen in einfacher Sprache leicht und verständlich erklärt (Band 3) – Bestell-Nr. 12 175
KOHL VERLAG

33 Mein Physik-Wörterbuch

Hier kannst du alle Begriffe aufschreiben, deren Bedeutung du dir merken möchtest.

Fachwörter	Erklärungen

EINFaCH PHYSIK
Elementares Wissen in einfacher Sprache leicht und verständlich erklärt (Band 3) – Bestell-Nr. 12 175
KOHL VERLAG

34 Kreuz und quer durch die Physik - ein Spiel

Spielerzahl: ab 2 Spieler/Teams

Materialien: Stift und Papier je Spieler/Team zum Notieren der Begriffe

Der neutrale Spielleiter kann die Begriffe auch auf die Tafel schreiben.

Spielregeln: Der neutrale Spielleiter (= Lehrer) gibt einen Begriff vor, z.B. das Wort „Kraft“. Anschließend sind die Spieler/Teams abwechselnd an der Reihe und müssen nacheinander immer einen Begriff aus der Physik nennen, der mit dem Endbuchstaben des vorangegangenen Begriffes beginnt. Jeder Begriff darf natürlich nur einmal vorkommen. Somit ergibt sich eine Wörterkette, bei der der Endbuchstabe des vorherigen Begriffes stets der Anfangsbuchstabe für den folgenden Begriff ist. Wer nicht imstande ist, einen passenden Begriff zu nennen, scheidet aus dem Spiel aus.

Spielende: Sieger ist, wer als einziger Spieler/Team im Spiel übrigbleibt.

Beispiel: Kraf**t** – **T**hermomete**r** – **R**eibun**g** – **G**ra**d** – **D**onne**r** – **R**egenboge**n** – **N**ewto**n** – **N**ordpo**l** – **L**eistun**g** – **G**ewich**t** ...

Varianten: Das Spiel kann auch um Varianten ergänzt werden.
Beispiele:

a) Wer dran ist, muss nicht nur den passenden Begriff nennen, sondern diesem Begriff auch eine richtige Aussage hinzufügen.

b) Wer dran ist, muss den zuvor genannten Begriff erklären und anschließend einen eigenen, passenden Begriff ergänzen. Der nächste Spieler hat zuallererst den Begriff zu erklären.

c) Aus dem laufenden Spiel scheiden keine Spieler/Teams aus. Für jeden genannten Begriff sowie evtl. für jede richtige Aussage erhält der Spieler/das Team einen Punkt, der/das an der Reihe ist.

d) Jeder Spieler/jedes Team versucht für sich gemäß der Spielregel „Endbuchstabe des vorherigen Begriffes = Anfangsbuchstabe des nächsten Begriffes“ möglichst viele Begriffe aus der Physik zu einer Wörterkette zu verknüpfen. Spielsieger ist der Spieler/das Team, dem es gelingt, die längste Wörterkette zu bilden. Die Anzahl der Begriffe der Wörterkette ist entscheidend.

KOHL VERLAG
EINFaCH PHYSIK
Elementares Wissen in einfacher Sprache leicht und verständlich erklärt (Band 3) – Bestell-Nr. 12 175

35 Physik-Quiz - ein Würfelspiel

Spielerzahl: ab 2-4 Spieler

Materialien:

- 1 Spielplan
  (Es ist empfehlenswert, den Spielplan auf stärkeres Papier zu kopieren. Dann kann er öfter eingesetzt werden.)
- 25 Spielkarten
  (Es ist empfehlenswert, auch die Spielkarten auf stärkeres Papier zu kopieren. Dann werden die Karten entlang der Linie geknickt und auf der Rückseite miteinander verklebt. Nun ist die Aufgabe auf der Vorderseite, die Lösung auf der Rückseite.)
- Je Spieler: 1 kleiner Spielstein, der sich von den Spielsteinen der anderen Spieler farblich unterscheidet

Spielregeln: Zur Spielvorbereitung mischt ein Spieler die 25 Spielkarten. Dann legt er sie mit der Vorderseite nach oben als Kartenstapel neben dem Spielplan ab. Jeder Spieler stellt seinen Spielstein auf das Feld „Start" des Spielplans auf.

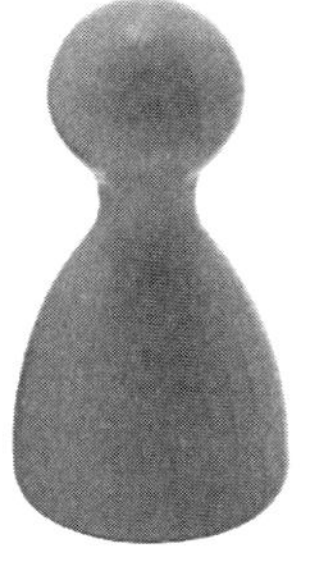

Im Verlauf des Spiels versucht jeder Spieler, mit seinem Spielstein auf dem Spielplan voranzukommen. Während des Spiels sind die Spieler abwechselnd an der Reihe. Wer dran ist, würfelt jeweils einmal. Die dabei erzielte Augenzahl bestimmt, um wie viele Felder der Spieler seinen Spielstein auf dem Spielplan in Richtung „Ziel" vorziehen darf. Kommt ein Spieler gemäß seinem Würfelergebnis auf ein Feld, das eine ungerade Zahl (1, 3, 5 usw.) aufweist, darf er seinen Spielstein nur dann dorthin vorziehen: Der Spieler beantwortet die Aufgabe/Frage richtig, die auf der momentan oben auf dem Kartenstapel liegenden Spielkarte notiert ist. Beantwortet der Spieler die Aufgabe/Frage nicht korrekt, muss er seinen Spielstein an der vorherigen Stelle stehenlassen. Auf der Hinterseite der Spielkarte lässt sich feststellen, ob die Antwort des Spielers richtig ist oder nicht. Die jeweilige Spielkarte wird danach mit der Vorderseite nach oben in den Kartenstapel unten eingefügt.

Auf jedem Feld des Spielplans dürfen sich gleichzeitig mehrere Spielsteine befinden.

Spielende: Das Spiel gewinnt, wer mit seinem Spielstein als Erster das Feld „Ziel" auf dem Spielplan genau erreicht bzw. über dieses Feld hinweg ziehen darf. Vor Spielbeginn ist zu vereinbaren, welche Regel(n) dabei gelten sollen.

Varianten: Das Spiel kann auch um Varianten ergänzt werden.
Beispiele:

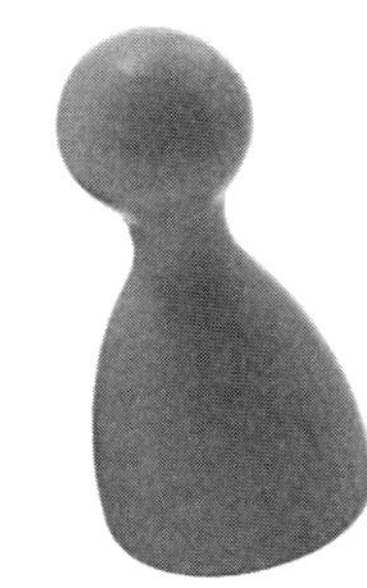

a) Eine doppelte Besetzung eines Feldes ist nicht möglich. Somit kann ein Spieler „hinausgeworfen" werden und muss auf das Feld „Start" zurück.

b) Die Spielkarten können auch ohne Spielplan als einfaches Frage-Quiz eingesetzt werden. Wer hier die meisten Fragen richtig beantwortet, gewinnt.

EINFaCH PHYSIK
Elementares Wissen in einfacher Sprache leicht und verständlich erklärt (Band 3) – Bestell-Nr. 12 175
KOHL VERLAG

35 Physik-Quiz - ein Würfelspiel

Physik-Quiz ein Würfelspiel	START	→ 1	→ 2	→ 3
→ 4	→ 5	→ 6	→ 7	→ 8
→ 9	→ 10	→ 11	→ 12	→ 13
→ 14	→ 15	→ 16	→ 17	→ 18
→ 19	→ 20	→ 21	→ 22	→ 23
→ 24	→ 25	→ 26	→ 27	→ 28
→ 29	→ 30	→ 31	→ 32	ZIEL

KOHL VERLAG
EINFaCH PHYSIK
Elementares Wissen in einfacher Sprache leicht und verständlich erklärt (Band 3) – Bestell-Nr. 12 175

35 Physik-Quiz - ein Würfelspiel

Die Spielkarten auf stabileres Papier kopieren und anschließend entlang der Außenkanten ausschneiden. Grau unterlegt steht die Aufgabe, jeweils rechts die entsprechende Antwort. Entlang der gestrichelten Linie knicken und rückseitig verkleben. Am Ende ist eine Blanko-Vorlage angefügt, die Sie mit einer Aufgabe und der dazugehörigen Antwort beschriften können.

Aufgabe	Antwort
Wie heißen die drei Zustandsformen von Stoffen?	- fest (= Festkörper), - flüssig (= Flüssigkeiten), - gasförmig (= Gase)
Wie bezeichnet man den Übergang von der festen in die flüssige Zustandsform?	schmelzen
Kondensation bzw. kondensieren – was ist damit gemeint?	der Übergang von der gasförmigen in die flüssige Zustandsform
Was passiert bei festen Stoffen und Flüssigkeiten im Thermometer bei Erwärmung, was bei Abkühlung?	Bei Erwärmung dehnen sich die festen Stoffe und Flüssigkeiten aus, bei Abkühlung ziehen sie sich zusammen.
Nenne zwei Auswirkungen von Salz auf Wasser!	- Salzhaltiges Wasser kann mehr als Süßwasser tragen. - Salz bewirkt das Schmelzen des gefrorenen Wassers.
Unter welchen Voraussetzungen schwimmen Gegenstände im Wasser?	Die Gegenstände müssen jeweils eine geringere Dichte als das Wasser aufweisen. $\text{Dichte} = \frac{\text{Masse}}{\text{Volumen}}$
Welcher Druck sorgt für das Fliegen von Flugzeugen?	Der Überdruck unter den Flügeln sorgt für den Auftrieb der Flugzeuge.
Wie nennt man die Erdanziehungskraft sonst noch?	- Schwerkraft, - Gravitation

KOHL VERLAG EINFaCH PHYSIK Elementares Wissen in einfacher Sprache leicht und verständlich erklärt (Band 3) – Bestell-Nr. 12 175

35 Physik-Quiz - ein Würfelspiel

Frage	Antwort
Warum ist die Erdanziehungskraft am geographischen Nordpol und Südpol etwas größer als am Äquator?	Die geographischen Pole liegen näher zum Erdmittelpunkt als der Äquator. Am Äquator herrscht eine größere Fliehkraft als an den geographischen Polen.
Wodurch unterscheidet sich in der Physik das Gewicht eines Körpers von seiner Masse?	Das Gewicht des Körpers hängt vom jeweiligen Ort ab, die Masse ist ortsunabhängig.
Welche zwei Kräfte wirken bei kreisförmigen Bewegungen?	- Zentralkraft (= Zentripetalkraft), - Fliehkraft (= Zentrifugalkraft)
Welche zwei Größen bestimmen in der Physik die Arbeit?	- Kraft, - Weg (= Länge) Arbeit = Kraft • Weg (Länge)
Wie berechnet man in der Physik die Leistung?	Arbeit geteilt durch die Zeit $\text{Leistung} = \frac{\text{Arbeit}}{\text{Zeit}}$
Zur Überwindung welcher Art der Reibung braucht man die meiste Kraft?	zur Überwindung der Haftreibung
Was sagt die goldene Regel der Mechanik u.a. aus?	Die Kräfte und die Weglängen lassen sich verändern, aber die Arbeit (= Kraft • Weglänge) bleibt gleich. Was an Kraft gespart wird, muss an Weglänge zugegeben werden.
Nenne drei erneuerbare Energiequellen!	- die Sonne, - das Wasser, - der Wind, - die Erdwärme, - die Biomasse
Wie viel beträgt in einer Sekunde in etwa: **a) die Lichtgeschwindigkeit?** **b) die Schallgeschwindigkeit in der Luft?**	a) ca. 300.000 km b) ca. 330 m

KOHL VERLAG Lernen mit Erfolg
EINFaCH PHYSIK
Elementares Wissen in einfacher Sprache leicht und verständlich erklärt (Band 3) – Bestell-Nr. 12 175

35 Physik-Quiz - ein Würfelspiel

Wodurch entstehen Gewitter?	Warme und kalte Luftmassen treffen aufeinander. Elektrisch positiv und negativ geladene Wolken(teile) reiben sich.
Erwähne drei Unterschiede zwischen einem Regenbogen und einem Nebenregenbogen!	Regenbogen: lichtstärker; Regentropfen brechen die Sonnenstrahlen einmal; Nebenregenbogen: lichtschwächer; Regentropfen brechen die Sonnenstrahlen zweimal; Die Reihenfolge der Farben ist beim Nebenregenbogen umgekehrt zu der beim Regenbogen.
Welche magnetischen Pole ziehen sich gegenseitig an, welche stoßen sich einander ab?	- Ungleichnamige magnetische Pole ziehen sich gegenseitig an. - Gleichnamige magnetische Pole stoßen sich einander ab.
Wohin zeigt das obere Ende der Magnetnadel im Kompass?	in die Richtung des magnetischen Pols in der Arktis
Erkläre die Herkunft des Begriffes Elektrizität!	Der Begriff Elektrizität kommt vom griechischen Wort *elektron* (= Bernstein).
Gib jeweils drei Stoffe an, a) die elektrischen Strom sehr gut leiten! b) die elektrischen Strom nicht leiten!	a) Metalle (Eisen, Kupfer ...), Kohle, Säuren ...; b) Gummi, Glas, die meisten Kunststoffe ...
In welcher Einheit misst man: a) die elektrische Spannung? b) den elektrischen Widerstand? c) die Stromstärke?	a) in Volt, b) in Ohm, c) in Ampere
Erwähne drei verschiedene sehr kleine Teile in Atomen!	- Protonen, - Neutronen, - Elektronen

KOHL VERLAG
EINFaCH PHYSIK
Elementares Wissen in einfacher Sprache leicht und verständlich erklärt (Band 3) – Bestell-Nr. 12 175

Lösungen

1

Naturwissenschaften

Aufgabe 1:

Biologie: In Biologie sprechen wir über Lebewesen in der Natur. Es geht um Menschen, Tiere und Pflanzen.

Chemie: In Chemie sprechen wir über Stoffe und ihre Veränderungen, Umwandlungen. Es geht um Sauerstoff, Stickstoff, Wasserstoff, Kohlenstoff, Schwefel, Uran …

Physik: In Physik sprechen wir über nicht lebendige Dinge in der Natur. Es geht um Wärme, Kälte, Kräfte, Energie, Schall, Magnetismus, Elektrizität…

Das Gegenteil zu den Naturwissenschaften sind die Geisteswissenschaften. Dazu gehören die Sprachen, Geschichte, Religion, Kunst, Musik …

2

Ein Versuch

Aufgabe 1:

1. Wir **nehmen** eine Kerze.
2. Die Kerze **besteht** aus Wachs und einem Docht.
3. Nun **zünden** wir die Kerze am Docht an.
4. Die Kerze fängt an zu **brennen**.
5. Unten ist das Wachs **fest**.
6. Oben auf der Kerze wird das Wachs **flüssig**.
7. Darüber wird das Wachs **gasförmig**.
8. Wir merken uns: **Stoffe** wie z.B. Wachs können fest, flüssig und gasförmig sein.
9. Ihre höchste **Temperatur** haben Stoffe im Zustand gasförmig.
10. Die Temperatur ist im **Zustand** fest am niedrigsten.

3

Die Zustandsformen und ihre Übergänge

Aufgabe 1:

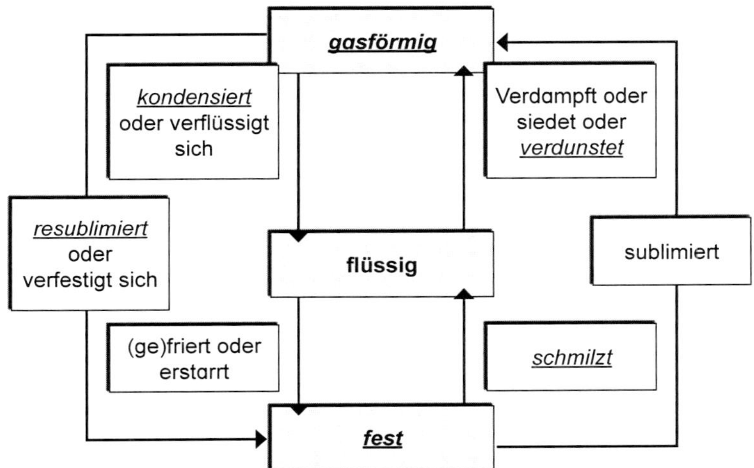

Aufgabe 2:

a) fest, flüssig, gasförmig
b) Aggregatzustände
c) im festen Zustand
d) Flüssigkeiten
e) Gase
f) schmelzen
g) gefrieren oder erstarren
h) verdampfen, sieden oder verdunsten
i) kondensieren oder verflüssigen
j) sublimieren
k) resublimieren oder verfestigen

4

Kühlschrank

Aufgabe 1:

Unterschiedliche Zustandsformen von Stoffen lassen sich technisch ausnutzen. Ein Beispiel dafür sind Kühlschränke. Kühlschränke sind Kältemaschinen. Sie transportieren Wärme von innen nach außen. Die allermeisten Kühlschränke funktionieren so:

In den Röhren der Kühlschränke befindet sich eine Kühlflüssigkeit (z.B. Frigen). Der Verdampfer erhitzt die Kühlflüssigkeit und bringt sie in die gasförmige Zustandsform. Der Verflüssiger versetzt die Kühlflüssigkeit wieder in die flüssige Zustandsform. Der Übergang von der flüssigen in die gasförmige Zustandsform und die Umkehrung des Vorganges erfolgen im ständigen Wechsel. In den Kühlschränken entzieht die Kühlflüssigkeit bei ihrer Erhitzung der Umgebung Wärme und nimmt sie auf. Durch die Wiederholungen des Kreislaufes der Kühlflüssigkeit wird es in den Kühlschränken kälter. Als Kühlflüssigkeit dienen in Kühlschränken Flüssigkeiten mit einer sehr niedrigen Siedetemperatur.

Aufgabe 2: Individuelle Lösungen

EINFaCH PHYSIK
Elementares Wissen in einfacher Sprache leicht und verständlich erklärt (Band 3) – Bestell-Nr. 12 175

Lösungen

5 Wir lesen in einer Zeitung

Aufgabe 1: Das Trockeneis ist Kohlenstoffdioxid im festen Zustand. Es dient zum Kühlen z.B. von Getränken und Speisen. Ab einer Temperatur von ca. – 80° C geht das Trockeneis vom festen in den gasförmigen Zustand über. Damit wird es zu Kohlenstoffdioxid. Dies geschieht, ohne dass sich zuvor ein flüssiger Zustand des Stoffes ergibt. In der frischen Luft hat das Kohlenstoffdioxid gewöhnlich nur einen Anteil von 0,03 bis 0,04 %. In geschlossenen Räumen wird das Kohlenstoffdioxid aber sehr gefährlich für Lebewesen, wenn es sich als Gas ausdehnen kann. Schon ab einem Anteil von ca. 5% in der Luft, kann Kohlenstoffdioxid zur Bewusstlosigkeit und anschließend zum Tod von Menschen führen.

6 Stoffe

Aufgabe 1:
a) Eisen, Gold, Salz, Silber
b) Alkohol, Benzin, Öl, Wasser
c) Kohlenstoffdioxid, Sauerstoff, Stickstoff, Wasserstoff

Aufgabe 2:
a) Der Schmelzpunkt ist die Temperatur, ab der ein Stoff schmilzt.
b) Der Siedepunkt ist die Temperatur, ab der ein Stoff gasförmig wird.
c) Der Erstarrungspunkt ist die Temperatur, ab der ein Stoff fest wird.
d) Der Kondensationspunkt ist die Temperatur, ab der ein Stoff vom gasförmigen Zustand in den flüssigen Zustand übergeht.

7 Das Teilchen – Modell

Aufgabe 1:

fester Zustand

flüssiger Zustand

gasförmiger Zustand

Aufgabe 2:
a) Im festen Zustand sind sie am dichtesten.
b) Im gasförmigen Zustand sind sie am weitesten auseinander.
c) Die Teilchen sind rund und fast unglaublich klein.
d) Beim Erwärmen dehnen sich die Stoffe aus.
e) Beim Abkühlen ziehen sich die Stoffe zusammen.

8 Temperaturen und Thermometer

Aufgabe 1:
a) einen entscheidenden Einfluss
b) Unterschiede von Temperaturen
c) zum genauen Messen von Temperaturen
d) zum genauen Messen von Temperatur
e) ausdehnen
f) sich zusammenziehen
g) in Grad Celsius (°C)
h) in Grad Fahrenheit (°F)
i) in Grad Kelvin (°K)
j) - 273,15° Celsius
k) 77° Fahrenheit
l) 10° Celsius

9 Das Wasser (I)

Aufgabe 1:

		Richtig	Falsch
1	Auch das Wasser kann drei Zustandsformen haben.	F	
2	Eis ist gefrorenes Wasser.	A	
3	Wasser wird immer bei 110° Celsius gasförmig.		H
4	Die Verdampfung des Wassers kann man auch Kondensation nennen.		R
5	Bei Wärme und Hitze ist die Verdunstung größer als sonst.	E	
6	Ebenso wie andere Stoffe zieht sich das Wasser bei Minustemperaturen zunehmend zusammen.		N
7	Die Chemiker sagen zu Wasser HO_2.		H
8	Das Wasser ist ein Atom.		E
9	Das Wasser besteht aus Wasserstoff und Sauerstoff.	I	
10	Atome sind sehr kleine Teilchen.	T	

Lösungswort: **F A H R E N H E I T**

Aufgabe 2:
3 – Das Wasser wird normalerweise bei 100° Celsius gasförmig.
4 – Die Verdampfung des Wassers kann man auch das Sieden nennen.
6 – Im Gegensatz zu anderen Stoffen dehnt sich das Wasser unterhalb von + 4° Celsius aus.
7 – Die Chemiker sagen zum Wasser H_2O.
8 – Das Wasser ist ein Molekül.

Aufgabe 3: Individuelle Lösungen z.B.:

- über 70 % der Oberfläche der Erde sind Wasserflächen
- Der Mensch besteht zu mehr als 60 % aus Wasser.
- Ohne Wasser gäbe es kein Leben.

EINFaCH PHYSIK
Elementares Wissen in einfacher Sprache leicht und verständlich erklärt (Band 3) – Bestell-Nr. 12 175

Lösungen

10 **Das Wasser (II)**

Aufgabe 1: Die Nähnadel sowie die Büroklammer schwimmen auf der Oberfläche und gehen nicht unter.

Aufgabe 2: Die Nähnadel und die Büroklammer gehen unter.

Aufgabe 3: Der Stöpsel aus Gummi schwimmt nicht im Wasser, er geht unter.

Aufgabe 4: Der Stöpsel aus Gummi schwimmt im Wasser, er geht nicht unter.

Aufgabe 5:
a) Gegenstände schwimmen im Wasser, wenn sie eine geringere Dichte als das Salzwasser haben.
b) Salzhaltiges Wasser kann mehr als Süßwasser tragen.

! **Test/Quiz 1:**

1. In Physik sprechen wir über **nicht lebendige Dinge in der Natur**.
2. Stoffe (= Substanzen) können drei **Zustandsformen** haben.
3. Die Zustandsformen heißen **fest, flüssig und gasförmig**.
4. Ihre niedrigste Temperatur haben Stoffe im Zustand **fest**.
5. Ihre höchste Temperatur besitzen Stoffe im Zustand **gasförmig**.
6. Der Schmelzpunkt ist die Temperatur, bei der ein fester Stoff **flüssig** wird.
7. Der Siedepunkt ist die Temperatur, bei der ein flüssiger Stoff **gasförmig** wird.
8. Wasser im festen Zustand nennt man **Eis**.
9. Wasser im gasförmigen Zustand bezeichnet man als **Wasserdampf**.
10. Bei etwa 100° Celsius wird Wasser **gasförmig**.
11. Wasser gefriert bei **0° Celsius**.
12. Wasser besteht aus den beiden Elementen **Wasserstoff und Sauerstoff**.
13. Die chemische Formel für Wasser heißt **H_2O**.
14. Beim Wasser sind jeweils zwei Atome Wasserstoff mit **einem Atom Sauerstoff verbunden**.
15. Salzhaltiges Wasser kann mehr Gewicht als **Süßwasser tragen**.
16. An der Oberfläche besitzt Wasser eine **Oberflächenspannung**.
17. Gase, Flüssigkeiten und feste Stoffe dehnen sich bei der **Erwärmung aus**.
18. Beim Abkühlen ziehen sich **Gase, Flüssigkeiten und feste Stoffe zusammen**.
19. Gase dehnen sich beim Erwärmen stärker aus **als Flüssigkeiten**.
20. Flüssigkeiten dehnen sich beim Erwärmen stärker aus als **feste Stoffe**.
21. Die Haut des Menschen kann keine genauen Temperaturen feststellen, sondern im Vergleich nur **Temperaturunterschiede**.
22. Man misst genaue Temperaturen mit einem **Thermometer**.
23. Die drei in der heutigen Zeit am meisten benutzten Temperaturskalen heißen **Celsius (°C), Fahrenheit (°F), Kelvin (°K)**.
24. 0° Celsius ist genau so viel wie **32°** F.
25. 0° K entspricht **-273,15° Celsius**.

! **Arbeit 1:** **1. - 4.** Individuelle Lösungen

11 **Ein Versuch**

Aufgabe 1: Das Modell des Flügels steigt aufwärts, bewegt sich also hoch, wenn man es schnell durch die Luft bewegt.

Aufgabe 2: Auf der Unterseite des Flügels entsteht ein Überdruck, auf der Oberseite ein Unterdruck. Dadurch ergibt sich ein Auftrieb, der den Flügel senkrecht nach oben drückt. Auf diese Weise können Flugzeuge fliegen.

12 **Flugzeuge**

Aufgabe 1:

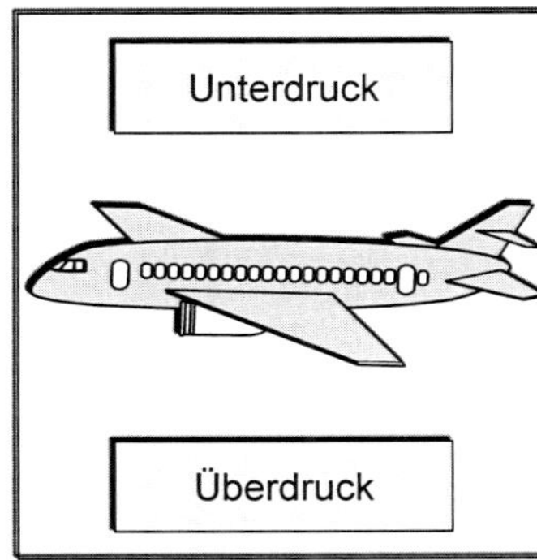

Aufgabe 2: Segelflugzeuge nutzen warme Luftströmungen von unten nach oben aus (= Aufwinde). Es können u.a. Aufwinde an Berghängen und Aufwinde vom erwärmten Erdboden sein. Der Start der Segelflugzeuge erfolgt gewöhnlich so: Entweder zieht ein Schleppseil einer Motorwinde das Segelflugzeug. Oder ein Motorflugzeug zieht mit einem Schleppseil das Segelflugzeug.

EINFaCH PHYSIK
Elementares Wissen in einfacher Sprache leicht und verständlich erklärt (Band 3) – Bestell-Nr. 12 175
KOHL VERLAG

Lösungen

13 Kräfte

Aufgabe 1:

a) Sie führen zur Bewegung und zur Veränderung der Form von Körpern.
b) Kräfte lassen sich nach ihrem Herkommen benennen. Beispiele dafür sind die Erdanziehungskraft (= Schwerkraft), die Windkraft und die Wasserkraft.
c) Für Kräfte heißt die Maßeinheit Newton.
d) Diese Maßeinheit trägt den Namen des britischen Wissenschaftlers Isaac Newton.
e) Ein Newton lässt sich mit der Gewichtskraft vergleichen, mit der eine 100 g schwere Tafel Schokolade senkrecht an einem Kraftmesser zieht.
f) Zu jeder Kraft gibt es eine Gegenkraft. Ein Beispiel dafür ist: Du willst einen Expander auseinanderziehen. Dabei merkst du den Widerstand, den du überwinden musst.

14 Das Gewicht und die Masse

Aufgabe 1:

a) nein
b) ja
c) Individuelle Lösungen

16 Die Zentralkraft und die Fliehkraft

Aufgabe 1:

a) Die Zentralkraft und die Fliehkraft kommen bei kreisförmigen Bewegungen vor.
b) Die Zentralkraft wirkt zur Mitte des Kreises hin, mit anderen Worten nach innen.
c) Die Fliehkraft wirkt nach außen hin.
d)

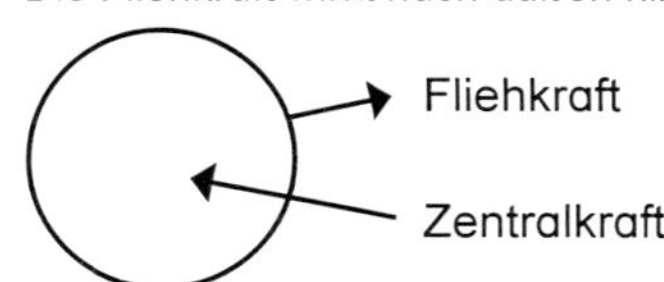

Aufgabe 2:

a) Die Zentralkraft ergibt sich durch die Reibung zwischen den Rädern und der Fahrbahn.
b) Die Fliehkraft kann durch eine (zu) hohe Geschwindigkeit zu stark werden.

! Test/Quiz 2:

1. Ballons fliegen aufgrund der geringeren Dichte als die **Luft**.
2. Bei fliegenden Flugzeugen besteht unter den Flügeln ein **Überdruck**.
3. Unmittelbar über den fliegenden Flugzeugen herrscht **ein Unterdruck**.
4. Nach ihrem Herkommen benannt gibt es z.B. die drei Kräfte: **Windkraft, Wasserkraft, Muskelkraft**.
5. Nach ihrer Wirkung benannt gibt es z.B. die drei Kräfte: **Zugkraft, Spannkraft, Bremskraft**.
6. Man bezeichnet die Erdanziehungskraft auch als **Schwerkraft oder Gravitation**.
7. Die Maßeinheit für die Kräfte heißt **Newton**.
8. Ein Newton entspricht der **Gewichtskraft**, mit der eine 100 g schwere Tafel Schokolade senkrecht an einem Kraftmesser zieht.
9. Zu jeder Kraft ist eine **Gegenkraft** vorhanden.
10. Isaac Newton war ein britischer **Wissenschaftler**.
11. In der Physik gilt das Gewicht auch als **eine Kraft**.
12. Am geographischen Nordpol und Südpol wiegt man etwas **mehr** als am Äquator.
13. Auf dem **Mond** bist du nur ca. 1/6 deines Gewichts auf der Erde schwer.
14. Das Gewicht wird in der Physik in der Maßeinheit **Newton** gemessen.
15. Vom **jeweiligen Ort** hängt das Gewicht ab.
16. Mit dem Wort Masse ist physikalisch die **Stoffmenge** gemeint, aus der ein Körper besteht.
17. Die Masse eines Körpers hängt **nicht** vom Ort ab.
18. Die beiden Maßeinheiten für die Masse sind hauptsächlich **Kilogramm und Gramm**.
19. Massen werden gemessen mit **Balkenwaagen**.
20. Die Zentralkraft und Fliehkraft kommen vor bei kreisförmigen **Bewegungen**.
21. Man nennt die Zentralkraft auch **Zentripetalkraft**.
22. Die Fliehkraft bezeichnet man auch als **Zentrifugalkraft**.
23. Die Zentralkraft wirkt nach **innen**.
24. Dagegen wirkt die Fliehkraft nach **außen**.
25. Durch eine zu schnelle **Geschwindigkeit** kann die Fliehkraft zu stark werden.

! Arbeit 2:

1. - 4. Individuelle Lösungen

17 Arbeit und Leistung

Aufgabe 1:

a) 50 • 1,36 = 68 PS
b) 163,2 : 1,36 = 120 Kilowatt

18 Reibungen

Aufgabe 1:

a) Gleitreibung **b)** Rollreibung **c)** Haftreibung

Aufgabe 2:

a) Oberflächen von Gegenständen bewegen sich gegeneinander.
b) Haftreibung, Gleitreibung, Rollreibung
c) beim Wegschieben eines Schrankes
d) bei der Abfahrt von einem Hügel mit einem Schlitten
e) beim Ziehen eines Wagens, der Räder hat
f) bei der Rollreibung
g) durch Öle, Fette, Kugellager …
h) Eine positive und eine negative elektrische Ladung reiben sich aneinander.

Lösungen

18

Reibungen

Aufgabe 3:

a)

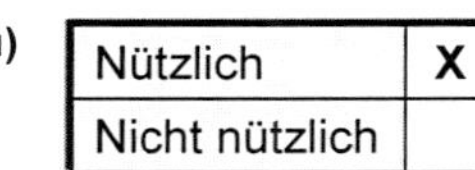

Nützlich	X
Nicht nützlich	

b)

Nützlich	
Nicht nützlich	X

19

Ein Problem

Aufgabe 1: Vorschläge der Schüler(innen)

20

Die goldene Regel der Mechanik

Aufgabe 1:

a) Thema der Mechanik ist das Halten und die Bewegung von Körpern (Lasten ...).
b) Die (physikalische) Arbeit hängt von der Kraft und der Weglänge ab.
c) Was man an Kraft sparen will, muss man an Weglänge zugeben.
d) Die (physikalische) Arbeit bleibt gleich, wenn man das, was man an Kraft spart, an Weglänge zugibt.
e) Du musst mehr Kraft einsetzen, aber weniger oft die Tretkurbel treten.
f) Du musst nicht mehr so viel Kraft einsetzen, jedoch öfter die Tretkurbel treten.

Aufgabe 2:

a) Kraft lässt sich sparen mit technischen Hilfsmitteln wie Keilen, schiefen Ebenen, Hebeln, Flaschenzügen ...
b) Ein Hebel ist im Gleichgewicht, wenn auf beiden Seiten das Ergebnis vom Kraftarm mal Lastarm gleich ist.
c)

$$\text{Kraftaufwand} = \frac{\text{Gewichtskraft der Last}}{\text{Zahl der tragenden Seilstücke}}$$

Aufgabe 3: Die Spitze des Schraubendrehers wird an der Seite unter den Deckel geschoben. Dann wird der Deckel der Farbdose per Schraubendreher hochgedrückt.

Aufgabe 4:

a) Kraftaufwand = 180 : 4 = 45 Newton

b) $\text{Kraftaufwand} = \frac{150 \text{ Newton}}{2}$

Kraftaufwand = 75 Newton

c) $x \cdot 50 = 20 \cdot 40$
$x \cdot 50 = 800 \quad | : 50$
$x = 16$

Kraftaufwand = 16 Newton

21

Energie

Aufgabe 1:

a) Energie ist sozusagen der „Treibstoff" zur Arbeit. Die Energie kann Arbeit leisten.
b)

Nicht erneuerbare Energiequellen (= Energieträger)	Erneuerbare Energiequellen (= Energieträger)
- die Braunkohle	- die Biomasse (z.B. Holz)
- das Erdgas	- die Erdwärme
- das Erdöl	- die Sonne
- die Kernenergie (= Atomkraft)	- das Wasser
- die Steinkohle	- der Wind

Aufgabe 2: Die größte Energiequelle ist die Sonne, die gefährlichste die Kernenergie (= Atomkraft). Anmerkung: Befürworter der Kernenergie stufen die Gefahr durch diese Energie (zu) sehr herab.

Aufgabe 3: Individuelle Lösungen

Aufgabe 4: Individuelle Lösungen

!

Test/Quiz 3:

1. In der Physik ist die Arbeit das Ergebnis von Kraft mal **Weglänge**.
2. Die Maßeinheit für die physikalische Arbeit heißt **Joule**.
3. Als Leistung gilt in der Physik das Ergebnis von Arbeit geteilt durch die **Zeit**.
4. Die Maßeinheit für die physikalische Leistung ist heute **Watt**.
5. Früher war die **Pferdestärke** (PS) die Maßeinheit für die physikalische Arbeit.
6. Bei Reibungen bewegen sich die Oberflächen von Körpern **gegeneinander**.
7. Reibung entsteht z.B., wenn du versuchst einen Schrank **wegzuschieben**.
8. Man unterscheidet drei Arten der Reibung: **Haftreibung**, **Gleitreibung und Rollreibung**.
9. Reibungen lassen sich verringern, durch z.B. Kugellager, Fette und **Öle**.
10. Die Reibungen können nicht nützlich oder **nützlich** sein.
11. Die Mechanik behandelt das Halten und die **Bewegung** von Körpern.
12. Was in der Mechanik an Kraft gespart wird, muss an **Weglänge** zugegeben werden.
13. Die goldene Regel der Mechanik nennt man auch das „Gesetz von der Erhaltung der **Arbeit**".
14. Beim Radfahren lässt sich Kraft sparen durch Schalten in einen niedrigeren **Gang**.
15. Mit einem Keil als Hilfsmittel kannst du eine Last **anheben**.
16. Jeder Hebel hat einen **Drehpunkt**.

Lösungen

Quiz 3:

17. Je **länger** ein Hebel ist, umso weniger Kraft brauchst du zum Heben einer Last.
18. Hebel gibt es im täglichen Leben z.B. als **Zangen**.
19. Bei Flaschenzügen lässt sich die notwendige Kraft zum Heben von Lasten berechnen: Gewichtskraft der Last geteilt durch Anzahl der tragenden **Seilstücke**.
20. Energie ist der „**Treibstoff**" zur physikalischen Arbeit.
21. Drei nicht erneuerbare Energiequellen sind z.B. **Erdöl**, **Erdgas und Braunkohle**.
22. Erneuerbare Energiequellen sind z.B. **Sonne**, **Wind und Wasser**.
23. Die Energiequellen bezeichnet man auch als **Energieträger**.
24. In Deutschland sollen zukünftig mehr die **erneuerbaren** Energiequellen genutzt werden.
25. Zwei verschiedene Formen der Energie sind u.a. **Wärmeenergie und mechanische Energie**.

Arbeit 3: **1. – 4.** Individuelle Lösungen

22 **Das Licht und der Schall**

Aufgabe 1:

a) Licht entsteht durch Lichtquellen wie z.B. unsere Sonne, Feuer und Lampen.
b) Der Schall umfasst die Verbreitung von Tönen, gesprochenen Wörtern, Geräuschen ...
c) 149600000 : 300.000 ~ 499
499 Sekunden = 8 Minuten 19 Sekunden
d) 330 • 3600 = 1.188.000 m/h ~ 1188 km/h
e) 1500 • 3600 = 5.400.000 m/h ~ 5400 km/h
f) Das Licht (Blitz) ist sehr viel schneller als der Schall (Donner).
g) 12 • 330 = 3960 m ~ 3,96 km – Das Gewitter ist etwa 4 km entfernt.

23 **Gewitter**

Aufgabe 1:

5	Dabei kommt in der Luft Elektrizität zustande.
9	Diese Explosion ist zu hören als Knall (= Donner).
4	Feuchte, sehr warme Luft steigt in die Höhe und stößt auf kalte Luftmassen.
1	Gewitter gibt es dadurch:
10	Bei Gewitter kommt es gewöhnlich zu stärkerem Wind und Regen.
2	Warme und kalte Luftmassen treffen aufeinander.
8	Durch die sehr hohe Temperatur eines Blitzes dehnt sich die erhitzte Luft wie bei einer Explosion aus.
3	Die meisten Gewitter entstehen im Sommer und zwar dann:
7	Eine sehr starke elektrische Spannung entlädt sich durch Blitze.
6	Elektrisch positiv und negativ geladene Wolken(teile) prallen aufeinander und reiben sich.

Aufgabe 3:

Bei Gewittern solltest du sehr vorsichtig sein.
Ein Blitz könnte dich treffen, dabei verletzen oder sogar töten.
Schon beim ersten Donner eines Gewitters solltest du ein Haus aufsuchen oder in ein Auto steigen bzw. darin bleiben.
Schließe geöffnete Fenster.
In Autos und im unteren Bereich von Häusern bist du vor einem Gewitter sicher.
Ist dies nicht möglich und du bist im Freien:
Verlasse beim Baden z.B. in einem See sofort das Wasser.
Halte Abstand von Metall. Stelle dein Fahrrad weit weg.
Gehe weg von einzeln stehenden Bäumen, Masten und Türmen.
Mache dich klein. Hocke dich nieder und umfasse mit den Armen deine Knie!

Aufgabe 4:

a) Feuchte, sehr warme Luft steigt in die Höhe und stößt auf kalte Luftmassen.
b) Eine sehr starke elektrische Spannung entlädt sich durch Blitze.
c) Durch die sehr hohe Temperatur eines Blitzes dehnt sich die erhitzte Luft wie bei einer Explosion aus.
d) Blitze können Menschen treffen, dabei verletzen oder sogar töten. Auch können Gewitter z.B. Gebäude beschädigen bzw. zerstören.

Aufgabe 5:

Autos und untere Bereiche von Häusern bieten Schutz vor Gewittern. Autos wirken durch ihre Umhüllung wie Faraday-Käfige gegen das Eindringen von Elektrizität. Der Begriff Faraday-Käfige ist benannt nach dem britischen Naturwissenschaftler M. Faraday (1791-1867).

24 **Der Regenbogen**

Aufgabe 1: Individuelle Lösungen

Aufgabe 2: Der Nebenregenbogen ist weniger deutlich als der Regenbogen zu sehen. Beim Nebenregenbogen ist die Reihenfolge der Farben umgekehrt zur Abfolge beim Regenbogen. Regentropfen brechen die Sonnenstrahlen beim Nebenregenbogen zweimal, beim Regenbogen nur einmal.

Lösungen

25 **Magnete**

Aufgabe 1: 1. – d); 2. – a); 3. – j); 4. – g); 5. – h); 6. – b); 7. – c); 8. – f); 9. – e); 10. – i)

Aufgabe 2 und 3: Individuelle Lösungen

Aufgabe 4:
- Zum Befestigen von Gegenständen (z.B. an einer Tafel),
- Zum Zuhalten von Türen (z.B. die Türen von Kühlschränken),
- Zum Heben von Lasten (z.B. Kräne),
- Zur Orientierung (z.B. Kompass),
- Zum Spielen (z.B. Angelspiel)

26 **Kompasse**

Aufgabe 1:
a) bei der Orientierung auf der Erde
b) Geräte zur Bestimmung der Himmelsrichtungen
c) ein kleiner, beweglicher Stabmagnet
d) in Nord-Süd-Richtung
e) Magnet
f) in der Arktis
g) in der Antarktis
h) im äußeren Erdkern
i) mit der beweglichen Windrose
k) mit den geographischen Polen der Erde

Aufgabe 2:
a) Individuelle Lösungen
b) Die Stopfnadel nimmt die Nord-Süd-Richtung ein. Die Stopfnadel richtet sich am Magnetfeld der Erde aus.
c) Der Magnet hat die Stopfnadel magnetisiert. Dadurch wurde die Stopfnadel selbst zu einer Kompassnadel.

27 **Weitere Verwendungen von Magneten**

Aufgabe 1: Züge schweben aufgrund von Elektromagneten ganz dicht über Fahrstrecken hinweg.

28 **Einstieg in die Elektrizität**

Aufgabe 1:
a) An der Wand bleibt der Luftballon hängen.
b) Individuelle Lösungen
c) Der Luftballon hat sich beim Reiben am Wollpullover bzw. an den Haaren elektrisch aufgeladen. Auf dem Luftballon befinden sich zahlreiche negativ geladene Elektronen, die Wand ist elektronisch positiv geladen. Die positiv geladene Wand und die negativ geladenen Elektronen ziehen sich gegenseitig an (= Reibungselektrizität). Deshalb bleibt der Luftballon an der Wand haften.

29 **Elektrizität**

Aufgabe 1:

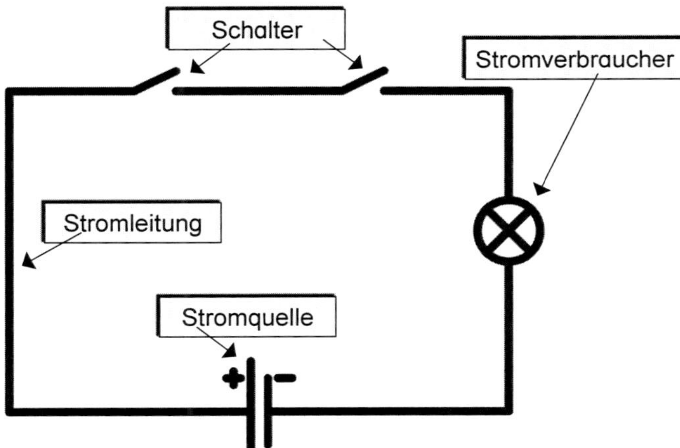

Aufgabe 2:
a) ... die Bewegung von Elektronen in Stromleitern.
b) ... Stromquelle (z.B. einer Batterie), einer Stromleitung, einem Stromverbraucher (z.B. einer Lampe).
c) ... Metalle (Eisen, Kupfer ...) Kohle, Säuren.
d) ... Gummi, Holz, Glas, die meisten Kunststoffe.
e) ... Elektrizität.
f) ... Bernstein.
g) ... fließt elektrischer Strom.
h) ... fließt in einem offenen Stromkreis.

EINFaCH PHYSIK
Elementares Wissen in einfacher Sprache leicht und verständlich erklärt (Band 3) – Bestell-Nr. 12 175

Lösungen

29 **Elektrizität**

Aufgabe 3: Individuelle Lösungen

Aufgabe 4:
a) Die elektrische Leistung ist das Ergebnis der Spannung mal Stromstärke.
b) Die elektrische Arbeit ist das Ergebnis der elektrischen Leistung mal Zeit.
c) Der Strompreis wird nach verbrauchten Kilowattstunden berechnet.

Aufgabe 5:
a) Ohne elektrischen Strom ist heute ein Leben der Menschen kaum vorzustellen.
b) Fast überall braucht und nutzt man elektrischen Strom.
c) Elektrischer Strom lässt sich erzeugen (= herstellen) aus der Energie des Wassers, des Windes, der Sonne, der Kohle, des Erdöls, des Erdgases, der Atomkraft (= Kernenergie) ...
d) Leitungsnetze transportieren den elektrischen Strom über lange Strecken.
e) Elektrizität kann man umwandeln in Licht (siehe Lampen), in Wärme (siehe Heizung) und Kälte (siehe Kühlschrank), in Bewegung (siehe Elektromotor) ...
f) Unsichtbar ist und zugleich sehr gefährlich sein kann elektrischer Strom.
g) Er kann Menschen und Tiere verletzen (z.B. Verbrennungen und Muskelkrämpfe sind möglich) oder sogar töten.
h) Deshalb solltest du bei elektrischem Strom überaus vorsichtig sein und die Warnungen davor sowie die Sicherheitsbestimmungen dazu unbedingt beachten.

30 **Die Kernenergie (= Atomkraft)**

Aufgabe 1:
a) aus ganz vielen, fast unvorstellbar kleinen Teilchen
b) aus der griechischen Sprache
c) unteilbar
d) fast 120 Elemente
e) Grundstoffe
f) Wasserstoff, Kohlenstoff, Sauerstoff, Aluminium, Eisen
g) kleine Teilchen
h) noch kleinere Teilchen
i) Protonen und Neutronen
j) positiv
k) neutral
l) Elektronen
m) negativ

Aufgabe 2:
a) Man gewinnt Kernenergie (= Atomkraft) durch die Spaltung von Atomkernen. Dabei werden Atomkerne mit Neutronen beschossen. Weitere Spaltungen und Kettenreaktionen finden statt, wobei ganz viel Energie entsteht.
b) Die Kernenergie (= Atomkraft) wird in Kernkraftwerken (= Atomkraftwerken) gewonnen.
c) Zum Gewinn von Kernenergie wird hauptsächlich das Element Uran benutzt.
d) Radioaktive Strahlen der Kernenergie (= Atomkraft) schädigen die Gesundheit der Menschen sowie anderer Lebewesen und können zu deren Tod führen. Aus Kernenergie (= Atomkraft) lassen sich Atombomben bauen.
e) Individuelle Lösungen

! **Test/Quiz 4:**
1. Das Licht lässt sich zerlegen in verschiedene **Farben**.
2. Die Geschwindigkeit des Lichtes beträgt fast **300.000 km in einer Stunde**.
3. Regenbogen kommen durch die Brechung und Zerlegung des Lichtes durch **Regentropfen** zustande.
4. In der Luft legt der Schall in einer Sekunde etwa **330 m** zurück.
5. Bei Gewittern treffen kalte und warme **Luftmassen** aufeinander.
6. Blitze entstehen durch starke elektrische **Spannungen**.
7. Zum **Donner** kommt es durch die explosionsartige Ausdehnung der erhitzten Luft.
8. Magnete besitzen **zwei** Pole.
9. **Gleichnamige** Pole stoßen sich einander ab.
10. Dagegen ziehen sich **ungleichnamige** Pole gegenseitig an.
11. Vor allem ziehen Magnete **Eisen** und Stahl an.
12. Die Erde besitzt jeweils einen magnetischen Pol in der **Arktis** und **Antarktis**.
13. Die Magnetnadeln der Kompasse richten sich in die **Nord-Süd-Richtung** aus.
14. Magnetschwebebahnen fahren ohne **Räder** unmittelbar über den Magnetschienen.
15. Durch Magnetismus kann **Elektrizität** entstehen und umgekehrt.
16. Elektrischer Strom ergibt sich durch **Elektronen**, die sich in Stromleitern bewegen.
17. Zum Fließen von elektrischem Strom muss der Stromkreis **geschlossen** sein.
18. **Metalle** z.B. sind (sehr) gute Stromleiter.
19. Die elektrische Spannung wird in **Volt** gemessen.
20. Die Maßeinheit für den elektrischen **Widerstand** heißt Ohm.
21. Ampere ist die Maßeinheit für die **Stromstärke**.
22. Atomkerne enthalten **Protonen und Neutronen**.
23. Um die Atomkerne herum bewegen sich **negativ** geladene Elektronen.
24. Bei der Spaltung von Atomkernen beschießt man die Atomkerne mit **Neutronen**.
25. Zur Gewinnung von Atomenergie wird vor allem das Element **Uran** benutzt.

! **Arbeit 4:** **1. - 4.** Individuelle Lösungen

EINFaCH PHYSIK
Elementares Wissen in einfacher Sprache leicht und verständlich erklärt (Band 3) – Bestell-Nr. 12 175
KOHL VERLAG

Lösungen

31 **Physik in Zahlen**

Aufgabe 1:

1.	Bei so viel Grad Celsius hat das Wasser seine größte Dichte:	4
2.	Etwa bei so viel Grad Celsius liegt der absolute Nullpunkt der Temperatur:	-273
3.	Ein Newton entspricht auf der Erde der Gewichtskraft eines solch schweren Körpers (in g):	100
4.	Ungefähr so viel mal ist die Schwerkraft auf der Erde größer als auf dem Mond:	6
5.	Eine Person, die in einer Sekunde 5 Meter zurücklegt, bewegt sich mit dieser Geschwindigkeit (in km/h) fort:	18
6.	50 Watt sind so viel PS:	68
7.	So viele Arten der Reibung unterscheidet man (gewöhnlich):	3
8.	In so viele verschiedene Farben zerlegt ein Regenbogen das Licht:	7
9.	Bei einem Regenbogen steht die Sonne in einem Winkel von ca. so viel Grad:	42
10.	Etwa so viele km legt das Licht in einer Sekunde zurück:	300.000
11.	In einer Sekunde legt der Schall in der Luft ungefähr diese Strecke (in Metern) zurück:	330
12.	Im Wasser legt der Schall in einer Sekunde etwa so viele Meter zurück:	1500
13.	Ein Magnet hat so viele Pole:	2
14.	Elektrischer Strom kommt in Deutschland gewöhnlich mit dieser Spannung (in Volt) aus der Steckdose:	230
15.	Bei Starkstromgeräten (= z.B. ein Herd) kommt der elektrische Strom in Deutschland in der Regel mit der Spannung in Volt aus der Steckdose:	400

32 **Stimmt oder stimmt nicht?**

Aufgabe 1:

		Stimmt	**Stimmt nicht**
1	In Physik geht es um lebendige Dinge in der Natur.		X
2	Man unterscheidet gewöhnlich drei Zustandsformen von Stoffen.	X	
3	Trockeneis ist Kohlenstoffdioxid im flüssigen Zustand.		X
4	Der Schmelzpunkt eines Stoffes weist eine höhere Temperatur als sein Siedepunkt auf.		X
5	Im festen Zustand sind die Teilchen der Stoffe am dichtesten zusammen.	X	
6	Wasser gefriert normalerweise bei 0° Celsius (= 32° Fahrenheit).	X	
7	Wissenschaftler messen Temperaturen in der Maßeinheit Kelvin.	X	
8	Unter 4° C wird das Volumen von Wasser zunehmend geringer.		X
9	Wasser besitzt eine Oberflächenspannung.	X	

KOHL VERLAG EINFaCH PHYSIK Elementares Wissen in einfacher Sprache leicht und verständlich erklärt (Band 3) – Bestell-Nr. 12 175

Lösungen

32 **Stimmt oder stimmt nicht?**
Aufgabe 1:

		Stimmt	Stimmt nicht
10	Bei größerer Dichte als Wasser schwimmen Gegenstände.		X
11	Bei fliegenden Flugzeugen besteht unter ihren Flügeln ein Überdruck, über den Flügeln ein Unterdruck.	X	
12	Den Unterdruck nennt man auch Auftrieb.		X
13	Die Maßeinheit für Kraft heißt Newton.	X	
14	Zu jeder Kraft gibt es eine Gegenkraft.	X	
15	Am geographischen Nordpol und Südpol ist die Erdanziehungskraft kleiner als am Äquator.		X
16	Der Mensch hat am geographischen Nordpol und Südpol etwas weniger Gewicht als am Äquator.		X
17	Die Masse eines Körpers ist von Ort zu Ort unterschiedlich.		X
18	Bei kreisförmigen Bewegungen wirkt die Zentralkraft nach innen, die Fliehkraft nach außen.	X	
19	In der Physik ergibt sich die Arbeit aus Kraft geteilt durch den Weg.		X
20	Arbeit geteilt durch die Zeit ist in der Physik die Leistung.	X	
21	Ein PS entspricht 1,38 Watt.		X
22	Unterschieden wird zwischen der Haft-, Gleit- und Rollreibung.	X	
23	Zur Fortbewegung eines Gegenstandes ist bei der Rollreibung mehr Kraft einzusetzen als bei der Gleitreibung.		X
24	Gemäß der goldenen Regel der Mechanik gilt: Was man an Kraft spart, muss man an Weglänge zugeben.	X	
25	Mit u.a. Hebeln lässt sich Kraft sparen.	X	
26	Erdöl ist eine erneuerbare Energiequelle.		X
27	Der Schall breitet sich in der Luft schneller aus als im Wasser.		X
28	Das Licht legt in einer Sekunde eine Strecke von ca. 30.000 km zurück.		X
29	Bei einem Gewitter treffen in der Luft elektrisch positiv und negativ geladene Wolken(teile) aufeinander und reiben sich.	X	
30	Regentropfen können in der Luft die weißen Sonnenstrahlen brechen und in verschiedene Farben zerlegen.	X	
31	Magnete ziehen Eisen und Stahl stark an, Nickel und Kobalt weniger stark.	X	
32	Gleichnamige Magnetpole ziehen sich an.		X
33	Beim Kompass zeigt das obere Ende der Magnetnadel zum geographischen Nordpol.		X
34	Elektrischer Strom entsteht durch die Bewegung von Elektronen.	X	
35	Zum Fließen von elektrischem Strom muss der Stromkreis offen sein.		X
36	Die meisten Kunststoffe leiten elektrischen Strom nicht.	X	
37	Man misst die elektrische Spannung in der Maßeinheit Ampere, den elektrischen Widerstand in Ohm und die elektrische Stromstärke in Volt.		X
38	Die Atomkraft nennt man auch Kernenergie.	X	
39	Elektronen sind elektrisch positiv geladen, Protonen elektrisch negativ geladen.		X
40	Zur Atomkernspaltung beschießt man Atomkerne mit Neutronen.	X	

Lösungen

32

Stimmt oder stimmt nicht?

Aufgabe 2: Hier die verbesserten Aussagen:

1	In der Physik geht es um nicht lebendige Dinge in der Natur.
3	Trockeneis ist Kohlenstoffdioxid im festen Zustand.
4	Der Schmelzpunkt eines Stoffes weist eine niedrigere Temperatur auf als sein Siedepunkt.
8	Unter 4° C wird das Volumen des Wassers zunehmend größer.
10	Bei einer geringeren Dichte als Wasser schwimmen Gegenstände darin.
12	Den Überdruck nennt man auch Auftrieb.
15	Am geographischen Nordpol und Südpol ist die Erdanziehungskraft größer als am Äquator.
16	Der Mensch hat am geographischen Nordpol und Südpol etwas mehr Gewicht als am Äquator.
17	Die Masse eines Körpers ist von Ort zu Ort gleich.
19	In der Physik ergibt sich die Arbeit aus Kraft mal den Weg.
21	1 Watt entspricht 1,36 PS.
23	Zur Fortbewegung eines Gegenstandes ist bei der Rollreibung weniger Kraft einzusetzen als bei der Gleitbewegung.
26	Erdöl ist eine nicht erneuerbare Energiequelle.
27	Der Schall breitet sich in der Luft langsamer aus als im Wasser.
28	Das Licht legt in einer Sekunde eine Strecke von ca. 300.000 km zurück.
32	Ungleichnamige Magnetpole ziehen sich an.
33	Beim Kompass zeigt das obere Ende der Magnetnadel zum magnetischen Pol der Arktis.
35	Zum Fließen von elektrischem Strom muss der Stromkreis geschlossen sein.
37	Man misst die elektrische Spannung in der Maßeinheit Volt, den elektrischen Widerstand in Ohm und die elektrische Stromstärke in Ampere.
39	Elektronen sind elektrisch negativ geladen, Protonen elektrisch positiv geladen.

Bildquellennachweis

Titelbild	© ktsdesign - AdobeStock.com
Seite 6	© Paulista - AdobeStock.com, © lily - AdobeStock.com, © ktsdesign - AdobeStock.com
Seite 7	© fotocruz - AdobeStock.com, © Zonda - AdobeStock.com
Seite 8	© mpix-foto - AdobeStock.com
Seite 10	© wsf-f - AdobeStock.com
Seite 11	© animaflora - AdobeStock.com
Seite 13+78	© Kaneiderdaniel - Wikipedia.de
Seite 14	© adimas - AdobeStock.com
Seite 15	© hydraviridis - AdobeStock.com
Seite 16	© ktsdesign_Andrey Armyagov - AdobeStock.com
Seite 17	© logos2012 - AdobeStock.com
Seite 18	© Fiedels - AdobeStock.com, © picsfive - AdobeStock.com, © cynoclub - AdobeStock.com
Seite 22	© thingamajiggs - AdobeStock.com
Seite 24	© ChantalS - AdobeStock.com, © Jemastock - AdobeStock.com
Seite 25	© pit24 - AdobeStock.com, © shutswis - AdobeStock.com
Seite 26	© get4net - AdobeStock.com
Seite 27	© wo-a-he - AdobeStock.com
Seite 28	© Florian Klamert - AdobeStock.com
Seite 29	© Nours - AdobeStock.com
Seite 33	© Sinuswelle - AdobeStock.com
Seite 34	© ullrich - AdobeStock.com
Seite 35	© poninka - AdobeStock.com, © salamahin - AdobeStock.com © akf - AdobeStock.com
Seite 36	© fotohansel - AdobeStock.com (2x)
Seite 37	© Clipart.com
Seite 38	© Fiedels - AdobeStock.com
Seite 39	© poninka - AdobeStock.com, © Ramona Heim - AdobeStock.com
Seite 40	© Christos Georghiou - AdobeStock.com
Seite 41	© Oliver Muth - AdobeStock.com, © euregiocontent - AdobeStock.com © were - AdobeStock.com
Seite 44	© Klara Viskova - AdobeStock.com
Seite 45	© gradt - AdobeStock.com
Seite 46	© Jürgen Fälchle - AdobeStock.com
Seite 48	© nickolae - AdobeStock.com
Seite 50	© Carsten Meyer - AdobeStock.com
Seite 51	© mipan - AdobeStock.com
Seite 52	© Tryfonov - AdobeStock.com
Seite 53	© Phoenixpix - AdobeStock.com
Seite 55	© Matze - AdobeStock.com
Seite 56	© klikk - AdobeStock.com
Seite 57+83	© Bumann - AdobeStock.com
Seite 58	© mickyso - AdobeStock.com
Seite 59	© orion_eff - AdobeStock.com, © Archivist - AdobeStock.com © nickolae - AdobeStock.com
Seite 60	© Georgios Kollidas - AdobeStock.com
Seite 62	© Sanjprak - Wikipedia.de
Seite 71	© Robert Kneschke - AdobeStock.com
Seite 72	© Schlierner - AdobeStock.com (3x)
Seite 79	© Jemastock - AdobeStock.com